EDUCAÇÃO INCLUSIVA e COORDENAÇÃO PEDAGÓGICA

EDITORA AFILIADA

Dados Internacionais de Catalogação na Publicação (CIP)
(Câmara Brasileira do Livro, SP, Brasil)

Freitas, Marcos Cezar de
    Educação inclusiva e coordenação pedagógica / Marcos Cezar de Freitas. -- São Paulo : Cortez, 2024.

    Bibliografia.
    ISBN 978-65-5555-492-2

    1. Coordenadores pedagógicos 2. Educação básica 3. Educação inclusiva 4. Escolas públicas I. Título.

24-229519   CDD-370.71

Índices para catálogo sistemático:

1. Coordenação pedagógica : Educação 370.71

Eliete Marques da Silva - Bibliotecária - CRB-8/9380

MARCOS CEZAR DE FREITAS

EDUCAÇÃO INCLUSIVA e COORDENAÇÃO PEDAGÓGICA

São Paulo – SP

2024

EDUCAÇÃO INCLUSIVA E COORDENAÇÃO PEDAGÓGICA
Marcos Cezar de Freitas

Direção Editorial: Miriam Cortez
Coordenação editorial: Danilo A. Q. Morales
Assistente editorial: Gabriela Orlando Zeppone
Preparação de originais: Ana Paula Luccisano
Revisão: Agnaldo Alves
          Tuca Dantas
          Tatiana Y. Tanaka Dohe
Projeto gráfico e diagramação: Linea Editora
Capa: de Sign Arte Visual

Nenhuma parte desta obra pode ser reproduzida ou duplicada sem autorização expressa do autor e do editor.

© 2024 by Autor

Direitos para esta edição
CORTEZ EDITORA
R. Monte Alegre, 1074 – Perdizes
05014-001 – São Paulo-SP
Tel.: +55 11 3864 0111
editorial@cortezeditora.com.br
www.cortezeditora.com.br

Impresso no Brasil – outubro de 2024

Uso a palavra para compor meus silêncios.
Manoel de Barros

Sumário

Introdução		9
1	Ponto de partida e estratégia	15
2	O aprendizado da escuta	19
3	Ecossistema inclusivo. O que é isso?	25
4	Curadorias	33
❯	Alguns exemplos	37
5	Canteiros de reiteração: lugares de dividir, repartir, contar, fracionar, multiplicar, dobrar, triplicar	39
6	Laboratórios de interdependências	41
7	Ecologias brincantes	45
❯	Constatação: concatenação desvela a fortuna inclusiva da coordenação pedagógica	49
8	Repertórios	51
9	Argumentação própria	55
	Medicalização	57
	Deficientização	59
10	Aproximação reflexiva e o chão da escola	65
	Crianças e infância	65
	O todo, com todas as crianças	68
Considerações do remador que rema contra a maré		77
Referências		83

Introdução

Neste livro, abordo o tema coordenação pedagógica na escola pública de educação básica, considerando, de modo singular, sua importância para a educação inclusiva e, consequentemente, para crianças que são objeto da intervenção da educação especial. Mas não se trata de um texto sobre como coordenadores(as) pedagógicos(as) podem se dedicar à educação especial.

Neste escrito, dialogando com a coordenação pedagógica, quero compartilhar uma concepção de educação inclusiva que incide sobre tempos e espaços, fluxos e processos, e não sobre déficits e incompletudes. Exponho um modo de pensar a escola e os trabalhos pedagógicos de escolarização com todas as crianças.

Crianças: eis uma das palavras-chave na argumentação que segue, e o plural, aqui, quer expressar atenção à diversidade, sem desconsiderar o que têm em comum, perspectiva que, a meu ver, deve fazer parte do repertório da coordenação pedagógica.

Por abordar crianças no plural, sem perder de vista o que têm em comum, retomo argumentos que, a meu ver, devem caracterizar a educação inclusiva, que é um modo de olhar para a escola, não para características individuais. E olhar para a escola no seu todo significa antever situações, cenários, espaços que permitam pontos de conexão entre atividades distintas. A conexão entre atividades também conecta temas e perspectivas diversas.

Conexão entre temas e perspectivas é objeto daquilo que, neste livro, é denominado trabalho concatenador, expressão síntese do agir estratégico da coordenação pedagógica. É uma mudança de ênfase que considera a reorganização do cotidiano educacional da educação básica como movimento imprescindível para edificar a educação inclusiva "com" a escola.

Faço este movimento analítico e expositivo para reforçar a importância de discutir a educação pública com a escola pública, de dentro para fora, com base na convivência contínua e prolongada com as personagens de sua trama cotidiana, característica da pesquisa acadêmica que diz respeito à identidade de pesquisador que construí para mim.

Muitas pesquisas sob minha responsabilidade relacionadas à educação inclusiva em escolas públicas, levadas a efeito nos últimos 20 anos, contaram com o apoio decisivo de coordenadoras(es) pedagógicas(os). E qualifico esse apoio como decisivo, porque a coordenação pedagógica sempre demonstrou, no detalhe, na sutileza, que algumas questões somente são respondidas articulando, conectando, pequenos pontos numa teia de grande complexidade.

Isso diz respeito a uma tapeçaria pedagógica que sempre permitiu que meu fio de pesquisador também pudesse emaranhar-se com os muitos fios do cotidiano.

Refiro-me ao meu fio de pesquisador porque este trabalho resulta de uma convivência prolongada, proporcionada pelas pesquisas etnográficas que fiz e faço na escola pública, com suas personagens. A observação participante que caracteriza as etnografias[1] escolares necessárias para pesquisar de perto contou, inúmeras vezes, com o apoio das coordenações pedagógicas.

---

1. Compartilho a perspectiva de Rockwell (2014; 2018) no que diz respeito às etnografias escolares. Para um aprofundamento sobre o tema, recomendo a excelente obra coletiva produzida por Magnani *et al.* (2023).

Faço um tipo de pesquisa que exige submergir na mesma experiência em que cada criança observada está imersa. Na experiência vivida, cada um(a) emerge como personagem inseparável de sua situação, trama e enquadramentos. Em cada imersão, procuro compreender como cada criança se torna (Hall, 1997a; 1997b; 2000; 2001; 2005) aquela personagem que a escola considera passível de reconhecimento, nomeação, classificação e encaminhamento. Tento compreender como cada um(a) se faz, se configura.

Quando a ênfase não recai sobre características individuais, mas sobre modos de fazer-se, processos de configuração e experiências de tornar-se, outra palavra-chave ganha destaque: ecossistema.

A coordenação pedagógica é um dos fatores imprescindíveis para que a escola possa ser concebida, governada e vivida como um ecossistema inclusivo. E inclusão, tal como a concebo (Freitas, 2022; 2023), não diz respeito a indivíduos, cada qual "isolado"[2] em sua dificuldade, admitidos na assembleia dos membros operativos/operacionais de um microssistema produtivo de apropriação de conhecimento. Inclusão não é o que se faz com cada um(a), mas o que se refaz permanentemente no todo.

O que pretendo com este livro é chamar atenção para o lugar de *concatenação* que o trabalho da coordenação pedagógica deve ocupar no processo de relacionar, encadear, ligar ideias, temas, fluxos, tempos, espaços e propostas, numa dinâmica de enredamento que é imprescindível para a educação inclusiva. Como se percebe com o destaque, concatenação é outra palavra-chave.[3]

---

2. Leitores(as) encontrarão neste texto uso abundante de aspas. As aspas trazidas ao texto não para fins de citação indicam palavras, trechos, frases, excertos de anotações registradas em caderno de campo, sendo um instrumento de pesquisa indispensável para a pesquisa etnográfica. Retomando anotações produzidas na pesquisa participante, em diversas ocasiões, deparei-me com palavras usadas de modo muito significativo pelas personagens que compartilham comigo as cenas do cotidiano, expressando, por vezes, visões de mundo e perspectivas políticas com adjetivações e esforços descritivos que, em muitos casos, valiam-se de uma única palavra.

3. Palavra-chave é uma categoria inspirada na leitura de Raymond Williams (2010).

Este livro parte de uma premissa: a escola não deve esperar mais nada do individualismo. Aqui, aproprio-me da fortuna analítica de Haraway e concordo com sua perspectiva:

> [...] o individualismo delimitado, em seus variados sabores na ciência, na política e na filosofia, finalmente se tornou indisponível para pensar com, passando a ser verdadeiramente impensável, tecnicamente ou de qualquer outro modo (Haraway, 2023, p. 15).

Isso permite (exige) reconhecer o espaço/tempo em que se permanece (se habita) no lugar chamado escola, como experiência de imersão num tecido ambiental, numa teia sistêmica, que proporciona relações e interações entre todos e de todos com tudo. Refiro-me a um entremeado de fios e enredamentos entre pessoas, objetos, tudo o que é vivo e não vivo, num processo em que as partes se configuram reciprocamente.

Mais do que palavra-chave, ecossistema é o conceito fundante da educação inclusiva. E é claro que o uso que faço de uma palavra-chave das ciências biológicas é metafórico, porque preciso da força simbólica contida neste conceito. Por quê?

Vou repetir aqui, brevemente, alguns exemplos utilizados com crianças na própria escola.

Com a ideia de ecossistema podemos perceber, por exemplo, que uma fruta em decomposição, uma colmeia ou uma floresta imensa podem ser compreendidas com base na mesma percepção de que nenhuma de suas partes e nenhum de seus agentes são o que são isoladamente.

Num ecossistema (com dimensões microscópicas ou macroscópicas), o que dá um encadeamento sistêmico à diversidade em seu interior é a interação entre tudo e todos.

Ludicamente, podemos afirmar que ecossistema é uma palavra amiga que aguarda, há tempos, um convite para tomar parte nas propostas relacionadas à educação inclusiva. É uma referência sistêmica, e isso é o fundamental para os propósitos deste livro.

Há muito tempo, observo o uso que educadoras italianas fizeram e fazem de referências sistêmicas para analisar a singularidade do tempo e do espaço, por exemplo, na "ecologia da vida infantil" (Bondioli, 2002, p. 127), e me impressiono positivamente com a apropriação feita das propostas de Bronfenbrenner (1979) para a proposição de ecologias brincantes no âmbito da educação infantil.

Por isso, sinto-me bem acompanhado quando lanço mão desta imagem síntese — ecossistema — para pensar a escola. Meu esforço se dirige à tarefa de argumentar que é na condição de ecossistema que a escola pode ser (ou não) inclusiva.

Insisto que a coordenação pedagógica tem um papel imprescindível para que essa perspectiva se materialize e se traduza em práticas de reorganização e redimensionamento do todo escolar.

Dialogarei, aqui, diretamente com coordenadoras(es) pedagógicas(os), mas espero que docentes e gestoras(es) da educação básica também entrem em contato com tudo o que aqui se propõe. Esta expectativa de ampliar o número de interlocutores(as) é importante, porque o livro também aborda questões relacionadas ao tema infância, que é uma estrutura temporal imprescindível para analisar a convivência entre crianças.

Convivialidade é o cerne da educação inclusiva.[4]

A coordenação pedagógica é o ponto de convergência entre as muitas iniciativas que, no transcorrer do dia a dia escolar, redimensionam a convivência. E o que estrutura o agir de cada coordenação pedagógica é a possibilidade de repensar espaços, tempos e modos de interpretar tudo o que se apresenta como questionamento pedagógico.

Por isso, este texto, ainda que brevemente, destaca alguns exemplos de curadorias e repertórios que permitem identificar, no trabalho da coordenação pedagógica, um projeto de ecossistema inclusivo.

---

4. Convivialidade é um conceito buscado na obra de Escobar (2018).

E esta será a ênfase da reflexão que virá a seguir. Não vou analisar, tampouco citar, referências legais e diretrizes jurídicas/funcionais relacionadas ao trabalho de coordenadores(as) pedagógicos(as) nas escolas. Não é esta a proposta.

A coordenação pedagógica é fundamental para a perspectiva da educação inclusiva, o que diz respeito diretamente à conexão com todas as diferenças entretecidas. Esta é a proposta, e é, inclusive, com este sentido que algumas questões alusivas à educação especial e ao Atendimento Educacional Especializado (AEE) serão mencionadas.

Súmula

O principal objetivo deste livro é dialogar com a coordenação pedagógica, compartilhando uma concepção de educação inclusiva que incide sobre tempos e espaços, fluxos e processos, e não sobre déficits e incompletudes. Assim, o que está em perspectiva é (re)pensar a escola.

1 Ponto de partida e estratégia

Considerando os muitos anos de convivência com o chão da escola, vou projetar mais o que pode vir a ser a coordenação pedagógica, indicando que temos um longo caminho a percorrer, reconhecendo a distância expressiva entre o que temos e o que precisamos ter.

Como estratégia, vou organizar a argumentação utilizando as palavras curadoria e repertórios para expor como o trabalho da coordenação pedagógica pode repensar, permanentemente, os espaços e os tempos escolares. Na sequência, a exposição vai ao encontro dos temas infância e pesquisa na escola.

Vou compartilhar modos de pensar a escola como ecossistema inclusivo, projetando a imagem da coordenação pedagógica como responsável pela curadoria inclusiva dos espaços, dos tempos e dos pontos de intersecção entre conteúdos. Pretendo, principalmente, sugerir dinâmicas de enredamento entre informações que não podem permanecer nos domínios exclusivos das disciplinas escolares.

Prosseguirei explicitando ideias, modos de interpretar e recursos analíticos que devem ser identificados como repertório característico da coordenação pedagógica, referência imediata que todos(as) podem perceber quando é abordada a educação inclusiva, ou seja, a escola no seu todo.

Reforço sempre a importância de reconhecer na coordenação pedagógica um lugar de concatenação.

As categorias espaço e tempo são fundamentais, estruturais e estruturantes, como diria Pierre Bourdieu (1996), na configuração da curadoria e dos repertórios que, na perspectiva deste livro, devem caracterizar o *modus operandi* da coordenação pedagógica.

Na escola, a coordenação pedagógica não está vinculada exclusivamente a uma área de conhecimento, nem a componentes curriculares específicos.

A atuação da coordenação pedagógica, inúmeras vezes, é mobilizada para o permanente ofício de "resolver problemas", o que, em muitos casos, transforma-se na "obrigação de resolver conflitos". Coordenadores(as) pedagógicos(as) não devem ser considerados(as) "apagadores de incêndio". O lugar concatenador que devem ocupar é imprescindível para que a escola seja pensada e abordada no seu todo, sem o que a perspectiva da educação inclusiva é irrealizável.

Qual foi a motivação para elaborar este escrito?

Senti a necessidade de escrever este livro pensando a escola como ecossistema inclusivo e, para isso, abordando curadorias e repertórios no âmbito do saber fazer da coordenação pedagógica (com seu artesanato pedagógico específico), quando organizei uma longa atividade para educação continuada de professores(as) que trabalham no Atendimento Educacional Especializado (AEE), que vou detalhar a seguir.

Nessa jornada com docentes do AEE, tive a oportunidade de escutar inúmeras manifestações que compartilhavam a opinião de que, no atual momento, a escola de educação básica abriu mão (ou está sendo pressionada a fazer isso, aceleradamente) de se referir a si "como teia", "como todo", "como sistema" e, cada vez mais, fragmenta-se no processo cotidiano de individualizar a aprendizagem, buscando responder a um produtivismo continuamente apresentado com argumentos gerenciais.

Vou recuperar, aqui, brevemente, alguns aspectos importantes dessa jornada.

Súmula

Este livro tem uma "arquitetura" expositiva. A argumentação utiliza as palavras curadoria e repertórios para expor como o trabalho da coordenação pedagógica tem um efeito concatenador, que possibilita repensar, permanentemente, os espaços e os tempos escolares. Tempo e espaço são categorias fundamentais para a educação inclusiva.

2   O aprendizado da escuta

No início de 2022, eu estava dialogando com mais de cem professoras[1] responsáveis pelo Atendimento Educacional Especializado (AEE) em suas respectivas unidades escolares de educação básica pública. Algumas unidades estão localizadas em uma cidade da Região Metropolitana de São Paulo e algumas fazem parte da Rede Municipal de Educação da própria capital, a cidade de São Paulo.

Estava em andamento uma dinâmica de partilha e formação continuada organizada no âmbito do Projeto Educinep: Educação Inclusiva na Escola Pública, desenvolvido na Escola de Filosofia, Letras e Ciências Humanas da Universidade Federal de São Paulo (Unifesp), que coordeno desde 2010. Na estrutura do Educinep, tivemos um projeto de extensão denominado Laboratório de Pesquisa e Escuta do Atendimento Educacional Especializado (LAPEAEE — 2020-2024), em cuja ação, naquele contexto, deu-se a partilha de conteúdos e de resultados de pesquisa acadêmica.

---

1. É digno de nota esta questão de gênero: os AEEs contavam com professoras, nenhum professor.

Participavam docentes vinculadas à educação especial, por iniciativa de suas respectivas coordenações de setor das Secretarias Municipais de Educação envolvidas com o projeto.

Compartilhavam comigo suas expectativas e dificuldades relacionadas à complexidade da Educação Inclusiva, do ponto de vista do AEE.

O contato permanente, contínuo, com as redes municipais e estaduais de educação do Brasil todo é, para mim, motivo de grande realização profissional e de transbordamento afetivo.

Em 2022, estávamos em processo de reelaboração de nossas estratégias de colaboração entre universidade pública e educação básica, após a tragédia da pandemia da covid-19. Eram visíveis as marcas indeléveis da noite escura que atravessamos, que custou tanto a amanhecer, especialmente porque nossa situação foi agravada pela resistência irresponsável de um negacionismo que tentou desacreditar a contribuição que, nessas situações, somente a pesquisa e a ciência têm a oferecer.

Nos encontros emergiram manifestações que, para meu contentamento, agradeceram por "falar a língua do AEE". Essa percepção de familiaridade, de reciprocidade, baseada na representação de que manejávamos um dos dialetos da escola, que é "o que se fala lá no AEE", proporcionou um entendimento que, ao final, favoreceu um diálogo intenso, contínuo e desprovido de distanciamentos hierárquicos.

E no andamento do que estava programado, a intensidade dialogal das jornadas de partilha deu sonoridade à expectativa das professoras de que o trabalho acadêmico que a universidade garante e estimula pode sugerir modificações capazes de repercutir diretamente no cotidiano escolar. Especificamente, imaginavam ter acesso a um "estoque de argumentos", com o qual pudessem convencer docentes das salas regulares de que a razão de ser do AEE tem sido interpretada de forma equivocada.

Ser reconhecido como "parceiro" nessa perspectiva proporcionava a mim uma sensação de alegria e contentamento profissional, mas, sem dúvida, alguma perplexidade também se apresentava, uma vez que sempre considerei que meu trabalho dialoga com a escola no seu todo.

A percepção de que eu podia "representar e defender" as demandas dos AEEs compartilhava a estratégia política de que "uma voz externa" potencialmente teria maior legitimidade para expressar um sentimento, sem dúvida, importantíssimo. As professoras queriam reforçar a seguinte mensagem: "a criança com deficiência *não pertence ao AEE!*".

Em outras palavras, enfatizavam que a escolarização de todos(as) é "obra da escola inteira".

Senti-me agradecido e, ao mesmo tempo, preocupado.

A afirmação de que a criança com deficiência ou o chamado Público-Alvo da Educação Especial (PAEE) têm direitos educacionais que dizem respeito à escola no seu todo, que não se restringem ao AEE, confirmava tudo o que estávamos aprendendo conjuntamente. Mas, naquela circunstância, assombrava-me outro receio.

A execução de políticas públicas nesse campo, insistentemente, reforça a perspectiva de que a educação especial, o AEE, tem a prerrogativa de abordar seu público-alvo porque aloja em seus domínios a *expertise* para "tratar" das deficiências no âmbito do cotidiano escolar.

Tive receio de que estivessem buscando o meu apoio para confirmar que "o especial" é um tema para especialistas e que, em nome de suas "especialidades", estivessem buscando crédito para suas prescrições às práticas docentes das salas regulares.

Temia que estivessem buscando "equilibrar um jogo" que consideravam sempre desfavorável a seus argumentos. E o que me parecia mais preocupante era o temor de que estivessem procurando legitimidade para recomendar a aplicação de estratégias do AEE na sala regular. Em outras palavras, meu medo era o de que um equívoco fosse combatido com outro.

Defendo enfaticamente que a Educação Inclusiva não é uma soma entre a escola funcional e a escola paralela do AEE. Inclusão é um processo de transformação da escola no seu todo, buscando o adensamento de um ecossistema inclusivo. Não se trata de um jogo a ser equilibrado, mas de estabelecer a crítica à naturalização de mundos paralelos dentro da mesma estrutura.

Propus que voltássemos aos textos e a autores que fundamentavam as pesquisas desenvolvidas no Projeto Educinep. Com isso, meu objetivo foi o de enfatizar e relembrar a perspectiva antropológica com a qual cumulativamente analiso os desafios e as oportunidades que as diversidades e as diferenças oferecem para a escola.

E é como pessoa interessada em estudar permanentemente a convivência, as mediações, a interação entre pares na escola que propus relembrarmos que as deficiências são indissociáveis do tecido social em que a pessoa está emaranhada.

Se é evidente que a experiência da pessoa com deficiência muitas vezes é complexamente permeada por aspectos orgânicos e cognitivos específicos, reforço sempre que esses aspectos não contêm todos os parâmetros para explicar os diferentes modos de ser e estar.

Creio que foi possível retomar e reforçar as bases interpretativas que caracterizam a abordagem feita no Projeto Educinep, com suas referências interpretativas, e buscar pontos de convergência que podem garantir, entre nós, uma espécie de sintonia analítica.

Lembramos conjuntamente que tanto a educação especial quanto o AEE são continuamente tratados como instâncias que vinculam a educação escolar de pessoas com deficiência ao "mundo da saúde".

Do ponto de vista escolar, o tema deficiências é ainda predominantemente interpretado com representações do déficit, da falta, da ausência ou da incompatibilidade com padrões. O "que falta ou o que sobra" é permanentemente buscado "dentro" das dimensões orgânicas de cada pessoa.

Ainda que muitas vezes fluísse como polifonia, o diálogo adquiriu um sentido, uma direção pedagógica. Retomávamos o ponto de convergência que orientava nosso entendimento a respeito dos riscos contidos na oferta de atalhos, para que docentes cheguem à compreensão da deficiência (em termos orgânicos) sem precisar acompanhar os fios que tecem a experiência em que todos(as) se tornam a personagem que são.

Esse atalho não existe. E, muitas vezes, é justamente a oferta abundante de supostos atalhos que faz com que a escolarização de pessoas com deficiência ou daqueles(as) que são descritos(a) como público-alvo seja confundida com a oferta de técnicas para entender "cada" deficiência, "cada" problema, aproximando a demanda educacional de vocabulários biomédicos que são, sem dúvida, importantes, mas que não contemplam o pedagógico em questão e reduz tudo à compreensão de déficits e impossibilidades.

O mais importante foi perceber que buscavam um modo de compartilhar com toda a comunidade escolar com a qual conviviam a seguinte perspectiva: pensar a escola é pensar a educação de todos(as) os(as) presentes e não projetar uma pedagogia que hierarquiza as pessoas com duas categorias: alunos(as) e alunos(as) de inclusão.

Foi no bojo desta experiência que percebi a importância de abrir um diálogo com as coordenações pedagógicas e retomar argumentos que projetam a escola como ecossistema.

Ao final desta jornada, espero demonstrar que a escola projetada e vivida como ecossistema reelabora a própria coordenação pedagógica, fazendo com que sua força concatenadora iniba a fragmentação dos espaços, oferecendo "sentido" a tudo o que se faz coletivamente (por isso, suas ações serão comparadas às curadorias).

Os modos próprios que a coordenação pedagógica utiliza para analisar e buscar saídas para as dificuldades que cotidianamente se apresentam (seus repertórios) passam a representar para a escola uma referência. Essa referência eu denomino plataforma de saberes inclusivos.

Súmula

Neste livro, defendo enfaticamente que a Educação Inclusiva não é uma soma entre a escola funcional e a escola paralela do AEE. Foi possível "escutar" o chão da escola e aprender que inclusão é um processo de transformação da escola no seu todo, com um esforço permanente de buscar em cada ação adendar um ecossistema inclusivo.

3 Ecossistema inclusivo. O que é isso?

A educação inclusiva apresenta um desafio singular para a coordenação pedagógica, desafio esse diretamente relacionado aos modos de compreender espaço e tempo na configuração da escola.

A escola não deve ser compreendida como condomínio de salas, cada qual realizando uma programação que incide sobre o desenvolvimento individual de cada estudante. E se a escola não deve ser reduzida a isso, a coordenação pedagógica tampouco deve ser confundida como instância de socorro que se busca somente quando estudantes têm desempenho insatisfatório ou conduta inadequada. Ou seja, coordenadores(as) pedagógicos(as) não são síndicos(as).

A redução da coordenação pedagógica àquilo que se confunde com a ação de síndicos(as) também tem repercussão direta no modo como se dissemina (equivocadamente) a razão de ser da educação especial. Identificada como síndica da escola, a coordenação pedagógica é mobilizada para conectar a sala regular com o Atendimento Educacional Especializado, quando docentes do AEE e salas de recursos estão disponíveis na escola, ou para conectar alunos(as) com profissionais que acompanham a escola em regime de itinerância.[1]

---

1. Itinerância é uma política que amplia o território das escolas que são consideradas referência. Especificamente, diz respeito a estabelecer uma Escola Polo com Atendimento

Ou seja, a coordenação pedagógica, muitas vezes, é vista como autoridade escolar que está "entre" a sala regular e o "lugar" de estudantes que são identificados como Público-Alvo da Educação Especial (PAEE).

Por ocupar esse lugar imaginário, a coordenação pedagógica acaba sendo considerada instância decisiva para encaminhamentos considerados adequados para dirimir dúvidas a respeito do enquadramento ou não de estudantes na lista dos que podem ser arrolados como PAEE e matriculados no AEE, quando é o caso.

Quem conhece a realidade da escola pública sabe que essas situações são corriqueiras. Mas é necessário perceber que a repetição de procedimentos inconsistentes não lhe dá a consistência que está faltando, ao contrário, naturaliza modos de compreender que, ao termo, esvaziam a potência inclusiva da escola.

Uma questão estratégica se apresenta para ultrapassar os limites desta situação. A questão é: como repensar as conexões entre espaço e tempo?

Retomemos a descrição estrutural da escola, começando pelo espaço que é constantemente percebido como unidade de produção, que é a sala de aula.

A sala de aula é uma plataforma de progressão. Nela, as informações estão organizadas para um trabalho progressivo que organiza, com o currículo, a ordem dos conteúdos. Essa ordem torna-se o próprio trabalhar docente, que ensina sequencial e cumulativamente do começo para o fim, do simples para o complexo, de uma série para outra, de um ciclo para outro. Quem está nesta plataforma de progressão participa da estrutura sincrônica que caracteriza a educação na forma escolar (Freitas, 2009).

Que estrutura sincrônica é essa?

Educacional Especializado (AEE). Essa Escola Polo passa a ter uma "abrangência". No âmbito dessa abrangência, a responsável pelo AEE atende de modo itinerante às escolas próximas que não têm o AEE em suas instalações.

A escola contemporânea é, antes de tudo, um dispositivo de sincronização de trabalhos: todos ao mesmo tempo, no mesmo local, trabalhando conteúdos com o mesmo ponto de partida, em direção ao mesmo ponto de chegada, avaliados com os mesmos critérios para chegar aos mesmos objetivos (Freitas, 2009).

Historicamente, isso se fez necessário não exatamente para ensinar, mas para ensinar muitos de maneira simultânea. Isso democratizou o acesso à escola que emergiu, com essa forma, como espaço/tempo de permanência almejado para todas as crianças/jovens em escala planetária.

Porém, essa dinâmica que sincroniza, multiplica e proporciona o trabalho simultâneo com número expressivo de pessoas tem uma contradição estrutural.

As circunstâncias em que a pessoa perde o "ponto de sincronia" em relação aos demais facilmente são consideradas situações exemplares, nas quais limites ou déficits pessoais/sociais "explicam" a insuficiência do desempenho.

Numa plataforma de progressão, não há "tempo a perder" e as experiências individuais de não entendimento, de não acompanhamento ou de "perda de sintonia", ainda que geradas por múltiplos fatores, são abordadas predominantemente com dois recursos:

a) o(a) professor(a) repete a informação;

b) como não dispõe de flexibilidade temporal para se deter na demanda individual, inicia esse processo sabendo que há limites para repetir aquilo que "os demais já entenderam". Constatada (rapidamente) a insuficiência da estratégia de repetir, são buscadas as insuficiências pessoais/sociais daquele(a) que não entendeu, "mesmo com a repetição da informação".

É importante perceber que, na maioria dos casos, estudantes contam somente com a estratégia da repetição para "esticar o tempo" de convivência com o conteúdo ensinado. Parece ser sua a necessidade de "não avançar ainda"; a demanda por mais tempo desponta como questão pessoal.

Para além das possibilidades contidas no trabalho docente de repetir o conteúdo já informado, cada estudante "se encontrará" com as mesmas informações somente num "lugar" demarcado para atender àquele(a) que não consegue. Refiro-me aos expedientes de reforço, que são lugares (físicos ou simbólicos) para os quais apenas se deslocam "os que não conseguem" (mesmo com as repetições).

Repetir a informação é um trabalho inseparável do ato de ensinar e não há, nesse trabalho, um despropósito em si. Porém, seus limites são estreitos, e a continuidade das estratégias de repetição não diz respeito à tapeçaria pedagógica da escola, mas a "atender quem não consegue".

Repetir, falar novamente, mostrar mais uma vez, refazer. A repetição é arte pedagógica e expressão de disponibilidade. Mas há limites postos pela estrutura sincrônica e pela lógica progressiva da plataforma que caracteriza o trabalho educativo da e na sala regular.

Quais limites?

Sobre a repetição, pode-se argumentar a favor de sua legitimidade e, principalmente, sua inevitabilidade. Ensinar é uma arte multifacetada, e uma dessas faces diz respeito à necessidade de repetir o conteúdo apresentado.

Mas no bojo dessa dinâmica de trabalho, que é voltada para muitos e é estruturalmente sincrônica, o próprio *modus operandi* concretamente impede a insistência, a persistência docente. E a partir de certo ponto, a interrogação individual que não se retrai, que "não se contenta", mais do que aproximar, costuma levantar barreiras entre docentes e estudantes.[2]

---

2. Continuamente, é possível registrar em cadernos de campo de pesquisa manifestações docentes que "explicam" que não têm como atender aos "alunos de inclusão" (expressão preconceituosa que será analisada adiante), porque a maioria já está "noutro ponto"; e que a possibilidade de "continuar insistindo" é atividade atinente ao trabalho de estagiários ou do AEE.

Podem-se reconhecer legitimidade e inevitabilidade na arte de repetir, ainda que "excessos" sejam problematizados. Mas mesmo na atitude mais disponível em relação às demandas por repetir explicações, não se pode reconhecer qualquer densidade inclusiva.

Por quê?

Porque na escola é necessário diferenciar repetição de reiteração.

A reiteração é um fio que entretece toda a tapeçaria pedagógica, e a perspectiva de fazer da escola um ecossistema inclusivo depende diretamente do manejo conjunto desse tear educacional por docentes e coordenadores(as) pedagógicos(as).

Em termos pedagógicos, reiteração diz respeito à experiência de reencontrar, rever, retomar a informação que, propositadamente, é projetada, construída, tecida, articulada "dentro de outra atividade". Se a repetição repõe o mesmo, a reiteração refaz o mesmo com outros modos.

A coordenação pedagógica concatena o trabalho com docentes de maneira a identificar no conjunto dos saberes necessários, especificados no currículo, os pontos de reiteração. Ou seja, as informações estratégicas que poderão "reaparecer" de outro modo na configuração de outras atividades/disciplinas, de forma a reiterar (não simplesmente repetir) o "conteúdo-chave" que permanecerá sempre em estado de ressonância.

É o que acontece, por exemplo, quando estudantes "reencontram" um conteúdo relacionado a fracionamento (típico da matemática) na lógica operacional de uma atividade artística; e, na sequência, a arte de fracionar permanece em modo reiterativo na organização de uma atividade experimental do universo das ciências e "perdura" em informações ludicamente expostas no chão, nas paredes, nas mesas, nos canteiros...

Isso é um processo de concatenação que não acontece espontaneamente. Essa concatenação é iniciativa da coordenação pedagógica que suscita o diálogo interdisciplinar entre docentes, produzindo situações em que os saberes podem ser vislumbrados para além das fronteiras de cada especialidade.

Professoras(es) podem se "desprender" das delimitações próprias da plataforma de progressão que é a sala de aula e, com diálogo horizontal, produzir inúmeras plataformas de reiteração.

Cada plataforma de reiteração corresponde a um fio educativo que tece, na tapeçaria pedagógica em permanente estado de reelaboração, um desenho que une informações contidas em atividades distintas, mas que, identificadas de forma antecipada, reciprocamente se reiteram sem que se repitam de modo literal.

A repetição concentra a experiência de apreensão e transcorre "dentro" dos tecidos temporais do trabalho de cada docente, que atua para governar a progressão de estudantes na apropriação dos conteúdos.

A repetição não é um problema em si e, em perspectiva inclusiva, demanda sempre interromper a aceleração constante das atividades, para que cada ação possa acontecer e se repetir simplesmente com mais tempo.

Já a reiteração amplia, "estica", alonga, adensa a mesma experiência (sem repeti-la exatamente) toda vez que cada estudante tem a oportunidade de perceber e manejar "o mesmo de outra forma", noutra experiência.

Destaco aqui dois princípios estruturantes da educação inclusiva:
- proporcionar recursos para que cada atividade possa ser feita com mais tempo (adensamento das estratégias de repetição);
- concatenar espaços, experiências e cenários, para que conteúdos sejam constantemente reencontrados (adensamento das estratégias de reiteração).

A menção a mais tempo significa: com outros ritmos de andamento em toda a escola; não somente para pessoas com deficiência.

Mais tempo?

Adiante, voltarei a esse aspecto que é crucial, tanto para a educação inclusiva quanto para a própria ideia de escola como ecossistema inclusivo. Mas vale adiantar que mais tempo na escola não é simplesmente ampliação de jornada, pois com ampliação da jornada não se garante obrigatoriamente a estruturação de uma experiência inclusiva para todos(as) e com todos(as).

Se a ampliação de jornadas proporcionar à coordenação pedagógica concatenar atividades a fim de que saberes necessários se reiterem e para que todos(as) — destaco "todos(as)" — possam "fazer o mesmo com mais tempo", avançaremos em termos de educação inclusiva. Se não for assim, há risco concreto de a escola sucumbir ao "tarefismo", uma vez que a razão de ser da ampliação deixa de ser pedagógica para se tornar uma estratégia, a fim de distanciar crianças e jovens das ruas.

Atualmente, esta discussão está em evidência, uma vez que a ampliação das jornadas escolares é um processo em plena expansão. É uma política em andamento, a qual, no Brasil, abrange iniciativas federais, estaduais e municipais. A categoria tempo, na maior parte dos projetos de implantação em andamento, é manejada como se fosse aquilo que equivale à permanência alongada.

É necessário cuidado para evitar reducionismos, pois tempo é fluxo para os modos de fazer.

Um exemplo simples, que já utilizei inúmeras vezes, pode ser buscado na comparação com dinâmicas projetadas para que o trânsito urbano flua com menos interrupções. Se todos se deslocarem com velocidade reduzida, cada um chegará mais rapidamente ao seu destino, como consequência da redução dos casos de paralisação do fluxo. E se todos (ou pelo menos muitos) se deslocarem com transporte coletivo, a incidência do fator tempo na vida de cada um se altera qualitativamente em inúmeros aspectos. Mais do que a situação de cada um(a), muda a cidade.

Mudanças nas dinâmicas de tempo de deslocamento não resultam bem-sucedidas se baseadas na perspectiva de cada um(a), buscando para cada pessoa as possibilidades de redução no dispêndio de horas para cumprir distâncias e trajetos. Resultam bem-sucedidas quando a referência deixa de ser o tempo de realização e passa a ser o modo de realizar. É com essa perspectiva que é possível compreender o exemplo anterior, ou seja, quando todos se deslocam mais devagar, cada um chega mais cedo. Tempo é uma expressão de fluxo na vida em comum, assim como a categoria espaço.

Para abordar a importância da conexão entre espaços, tempos e reiterações, apresento, na sequência, uma breve reflexão sobre a potência da coordenação pedagógica para participar desse processo com curadorias permeadas pela noção de ecossistema inclusivo.

Súmula

Na escola, um ecossistema inclusivo começa a ser construído quando compreendemos que, pedagogicamente, repetição e reiteração não têm o mesmo sentido. A repetição permeia a prática de ensino, já a reiteração permeia a "ocupação didática" de todos os espaços escolares. Por isso, para fundamentar pedagogicamente a noção de ecossistema inclusivo, o capítulo mostrou que a reiteração diz respeito à experiência de reencontrar, rever, retomar a informação que, propositadamente, é projetada, construída, tecida, articulada "dentro de outra atividade". Se a repetição repõe o mesmo, a reiteração refaz o mesmo com outros modos. E a coordenação pedagógica concatena o trabalho com docentes, de maneira a identificar, no conjunto dos saberes necessários, especificados no currículo, seus pontos de reiteração. Ou seja, as informações estratégicas que poderão "reaparecer" de outro modo na configuração de outras atividades/disciplinas.

4 Curadorias

Considerando que as experiências de reiteração, muitas vezes, são estratégias de intervenção nos espaços extrassalas, para que nesses locais se enredem fios com distintos pontos de origem, saídos de "diferentes meadas", o modo de olhar para a escola que caracteriza a perspectiva da coordenação pedagógica pode ser comparado ao olhar de um(a) curador(a). E o zelo pedagógico para que cada atividade seja percebida como fluxo dentro de um ecossistema permite comparar suas iniciativas àquelas que caracterizam uma curadoria.

Curadoria tornou-se palavra-chave no âmbito de muitas profissões, e as mais diversas atividades se apropriam dessa denominação que é, de fato, potente, para indicar cuidado com a escolha do que será exposto, explicado, noticiado, ensinado. Ora com densidade, ora com superficialidade, a curadoria é referida como ação que qualifica a escolha e dá sentido àquilo que é exposto.

Ainda que seja utilizada por jornalistas, profissionais de mídia e do mundo digital, entre tantos outros, historicamente a curadoria tem suas raízes fincadas nas exposições artísticas e na guarda intelectual de museus e coleções.

A síntese proposta por Hoffman é elucidativa:

> Do século XVIII até boa parte do século XX, curadores eram eruditos que tomavam conta dos tesouros do passado. [...] Eram os guardiões intelectuais dos museus, e suas exposições serviam a um propósito bastante objetivo: defender a ideia de que os objetos sob seus cuidados mereciam ser protegidos e que eles **serviriam para educar de alguma forma o público em geral** (Hoffman, 2017, p. 15, grifos meus).

E a síntese que o mesmo autor fez para explicar o que tem se tornado a "prática curatorial" é igualmente importante e esclarecedora:

> Ao longo da última década, a palavra "curar" tem sido cada vez mais usada para descrever alguma coisa que envolve a seleção e a ordenação de objetos ou meios de comunicação, desde escolher a lista de músicas que serão tocadas em uma festa até a disposição habilidosa de móveis em um cômodo, e esses novos usos banalizados indicariam que o seu papel seria menos rigoroso e mais difuso do que ele foi no passado (Hoffman, 2017, p. 15-16).

Essa "banalização" é evitada toda vez que a ação de curadoria é percebida como responsável "por fornecer o contexto" (Hoffman, 2017, p. 17) e reconhecer o "imperativo... [de] fazer com que as coisas interajam umas com as outras" (Hoffman, 2017, p. 17).

A coordenação pedagógica não faz curadoria de exposições que têm temporadas de exibição, tampouco é zeladora do espaço físico. Sua prática curatorial diz respeito a concatenar tudo o que, interferindo no todo, possa adensar práticas inclusivas igualmente com todos(as).

Bhaskar (2019) ensina que é necessário ter uma perspectiva crítica para pensar a curadoria e as práticas curatoriais, isso porque estamos submersos nas águas do excesso, das demasias, das intensidades produtivistas.

Selecionar conteúdos, informações, imagens, modos de perguntar e modos de responder é importante e, em certas situações, imprescindível, considerando a profusão de dados disponíveis.

Se uma reflexão crítica for feita, perceberemos que corporações gigantescas, como Apple e Google, apresentam-se com estratégias curatoriais, selecionando "o que preferimos", "aquilo de que precisamos" com a ação de algoritmos, por exemplo. A coordenação pedagógica num ecossistema inclusivo absolutamente não é chamada a reproduzir essa situação.

No âmbito das ações de concatenação que a coordenação pedagógica assume está em questão conectar fios que, emaranhados, podem reiterar informações que, expostas em espaços e atividades para toda a escola, possibilitam redimensionar o tempo de convivência e familiarização com a informação ensinada originalmente na programação de uma disciplina.

Emerge uma curadoria inclusiva quando os espaços são pensados como canalizadores de fluxos para rever, reconhecer, relembrar, refazer. A seleção se dá concatenando diálogos e consolidando escolhas para que determinado espaço exponha a reiteração de conteúdos estratégicos. O que fica "em exposição" não são necessariamente imagens, mas canteiros de reiteração em que se pode observar e experimentar conexões interdisciplinares.

Alguns(mas) autores(as), como Garcia e Czeszak (2019, p. 21), enfatizam a execução de projetos, a mediação tecnológica e, principalmente, a curadoria de conteúdos (Garcia e Czeszak, 2019, p. 28-29), destacando a profusão de informações que temos no atual contexto. De certo modo, todo docente é visto como curador em potencial, uma vez que lida o tempo todo com a seleção de conteúdo.

Quero reconhecer que essas abordagens incidem sobre questões importantes do cotidiano escolar, mas não há coincidência com o que estou propondo aqui.

Curadorias, no âmbito da coordenação pedagógica, considerando a escola como ecossistema inclusivo, refere-se à concatenação de tempos, espaços e, fundamentalmente, diálogos entre pares para a identificação de pontos passíveis de reiteração com atividades específicas.

> ### Súmula
>
> A prática curatorial da coordenação pedagógica diz respeito a concatenar tudo o que, interferindo no todo, possa adensar práticas inclusivas igualmente com todos(as). Quando isso ocorre, emerge uma curadoria inclusiva de demonstra que os espaços estão sendo pensados como canalizadores de fluxos para rever, reconhecer, relembrar, refazer. A seleção se dá concatenando diálogos e consolidando escolhas, para que determinado espaço exponha a reiteração de conteúdos estratégicos. Note a insistência no uso do verbo concatenar!

ALGUNS EXEMPLOS

Os que defendem a educação inclusiva ganhariam muito se pudessem utilizar a denominação *pedagogia caracol* em seus trabalhos e considerações pedagógicas sobre a escola.

A expressão tem origem na Itália,[3] no bojo da criativa e belíssima obra de Gianfranco Zavalloni (2012; 2014), e tem a coragem (e a beleza) de propor uma "escola lenta e não violenta".

Faço aqui uma homenagem ao autor e à sua proposta, e vou utilizar rapidamente a imagem do caracol para apresentar alguns exemplos disso que estou denominando curadorias no âmbito da coordenação pedagógica.

A beleza da pedagogia caracol consiste, em primeiro lugar, em propor uma "escola lenta" e não atividades mais vagarosas para os que não conseguem.

O não conseguir está diretamente associado ao tempo acelerado uniformemente para atender a uma lógica produtivista de realizar mais com menos tempo. A estrutura sincronizada dos trabalhos escolares a que me referi antes rapidamente faz com que qualquer perda de sintonia faça emergir a personagem lenta em relação aos demais.

Notem: lenta em relação aos demais. Ninguém é lento em si mesmo.

Toda vez que a coordenação pedagógica, dialogando com professores(as), consegue identificar atividades passíveis de desaceleração nos tempos de execução, desaceleração essa necessariamente com todas as crianças e jovens, está arquitetando um lugar cujo fluxo é sistemicamente inclusivo. A desaceleração com todos(as) repercute de maneira positiva em cada um(a).

Se para tornar isso possível é necessário que as atividades planejadas ocorram fora da sala de aula, ou modificando a sala de aula, ou elaborando cenários específicos, cada uma dessas situações também se configura como modo sistêmico de redesenhar tempos e espaços, tempos com os espaços e espaços com tempos alongados.

---

3. A pedagogia caracol foi divulgada no Brasil. Na apresentação à edição brasileira, Margareth Brandini Park relata um rico processo de tradução levado a efeito com a Rede Municipal de Educação de Jarinu, São Paulo, do que resultou a edição brasileira publicada pela Editora Adonis, em 2014 (ver Zavalloni, 2014).

5 Canteiros de reiteração: lugares de dividir, repartir, contar, fracionar, multiplicar, dobrar, triplicar...

Vou apresentar um exemplo relacionado à complexidade dos saberes matemáticos. Poderia apresentar exemplos associados a todos os campos de conhecimento configurados com e no currículo.

Podemos considerar a organização de canteiros de reiteração nesse universo curricular pensando um espaço extraclasse, com atividades manuais planejadas para reiterar conteúdos e operações matemáticas.

O canteiro é um espaço pelo qual todos(as) da escola podem passar, ficar, manejar, entrar, sair. Não é um reforço para quem não consegue, é um fluxo permanente de reiteração de conteúdos vistos anteriormente com outra forma. É um espaço de manejo quantitativo que é parte do sistema, não só uma extensão do componente curricular denominado matemática.

Nesse canteiro, o tempo de manejo (para dividir ou multiplicar, por exemplo) é necessariamente mais lento (com qualquer participante que se aproxime), pois a própria realização da atividade no canteiro implica um lidar com objetos, com componentes naturais, com estruturas de encaixe/desencaixe, com substâncias amalgamadas, com massas e elementos (re)compostos "[...] sujeitos não ao ritmo da hora-aula, mas ao compasso próprio de um 'parar para fazer', de um 'ficar para olhar fazendo', de um 'acostumar-se com manejar transformações quantitativas'".

O papel educativo que esse espaço exerce sobre o todo e com todos(as) se assemelha àquele que a exposição temática exerce sobre quem percebe numa sequência de obras expostas um argumento, um fio condutor pensado pelo(a) curador(a).

No caso dos canteiros de reiteração, o que se expõe e ganha materialidade observável é o diálogo (orquestrado pela coordenação pedagógica) entre docentes de áreas diferentes que anteveem o que é possível reiterar quando outros "modos de fazer" são organizados num espaço específico, para receber um fluxo constante de pessoas que vão "manusear" quantidades.

Manusear quantidades não é uma reserva de competência das atividades matemáticas. Potencialmente, esse manuseio pode estar presente na concatenação entre atividades de campos de conhecimento aparentemente distantes, mas enredáveis. E isso pode ser pensado de maneira a fazer com que a experiência com quantidades reitere informações até então trabalhadas de modo único no âmbito da progressão de conteúdos da sala de aula.

Súmula

O principal a destacar no exemplo selecionado é que o canteiro é um espaço pelo qual todos(as) da escola podem passar, ficar, manejar, entrar, sair. Não é um reforço para quem não consegue, é um fluxo permanente de reiteração de conteúdos vistos anteriormente com outra forma.

6 Laboratórios de interdependências

Interdependência é uma palavra-chave para a educação inclusiva, e é central para o propósito de concatenar dinâmicas com grande potencial para que se perceba que, na escola, tudo e todos(as) estão em situação de permanente reciprocidade e interatividade.

É a palavra que sinaliza que ninguém está pronto. Cada qual se torna, se faz, se complexifica num processo de elaboração inseparável dos demais, dos entornos, das teias de convivência (Freitas, 2022).

Cada qual se forma, se reforma e se elabora não como se estivesse realizando uma sequência de etapas originadas numa programação orgânica contida unicamente numa biogênese determinante do que cada um é ou pode ser. Esse modo de interpretar esvazia a própria riqueza das bases biológicas inseparáveis da experiência de humanização de cada vida.

Cada um(a) se faz em relação a, em meio a, ao lado de, com a circunstância e dentro de cada experiência existencial. Cada qual acumula camadas de objetividade e subjetividade que na teia cultural em que todos(as) se configuram adquirem expressão, nomes, características, referências, cuja forma não é simplesmente a de algo "em si", mas de algo em relação aos demais, ou seja, em processos relacionais.

A criança recém-nascida, a criança bem pequena ou pequena, assim como a pessoa na experiência do envelhecimento, mostram continuamente o quanto estão conectadas às mediações. Comem com a mão de...; sobem com os braços de...; andam com as pernas de...; olham com os olhos de...; escutam com os ouvidos de...; lembram com a memória de...

As ações permeadas de mediações ou interdependências são características da experiência humana de fazer-se com os outros e, por isso, não é correto reduzir essas mediações ou interdependências à condição de evidências de incapacidades. Se são muito visíveis nos momentos iniciais e finais da experiência humana, isso não quer dizer que não tenham importância em todos os momentos, a qualquer tempo.

Quando se percebe que crianças ou jovens demandam ações interdependentes, rapidamente se associa a demanda à presença de alguém "completamente incapaz".[1] Isso é um erro de grandes proporções, pois naturaliza a impressão de que demandar mediações/interdependências é "típico de imperfeitos".

Considerando tudo isso, o que seriam os laboratórios de interdependências?

A resposta deve ser buscada na arte de estimular o fazer conjunto, o trabalhar juntos, na tarefa de ensinar as alegrias da cooperação (Sennett, 2013).

Quantas atividades escolares são planejadas para que a resolução de problemas "dependa" do agir conjunto? Do pensar conjugado? Isso não é o mesmo que trabalhos em equipe ou ações em grupo.

Refiro-me ao esforço para pensar em perspectiva inclusiva o delineamento de propostas, a organização de tarefas. Refiro-me também a resolver problemas ou executar atividades que dependam da conjugação de corpos, da junção de intelectos.

---

1. Isso destaca a força dos capacitismos entre nós. "Capacitismo é o modo como se expressa, com palavras e atitudes, uma suposta 'natural' hierarquização entre pessoas conforme 'um' modelo de capacidade funcional. A pessoa com deficiência é percebida como se fosse um todo incapaz, em razão de uma impossibilidade específica" (Freitas, 2022, p. 58).

Num contexto em que tudo parece estar em processo de subordinação a planos de educação individualizados, a coordenação pedagógica pode concatenar ações voltadas para planos de educação enredados, expressões da tapeçaria pedagógica em processo de permanente fiação.

Compartilho um exemplo que recolhi acompanhando o diálogo entre coordenação pedagógica e docentes da Educação Física e de Artes.

Esse diálogo possibilitou elaborar algumas propostas de trabalho conjunto, pensadas como se fossem laboratórios de interdependências. Os envolvidos reorganizaram algumas tarefas associadas às estratégias de mexer o corpo nas atividades de Educação Física e de Artes. Queriam que as crianças explorassem as possibilidades de estender o corpo, de ampliar o alcance dos próprios movimentos.

Foi possível perceber que é viável organizar inúmeras sequências de movimentos que dependam da conexão entre corpos, para que a contiguidade entre um corpo + um corpo + um corpo... proporcione ao primeiro alcançar com as mãos/pernas/boca do último aquilo que individualmente seria impossível.

Qual o objetivo?

O objetivo, simplesmente, é o de apreender o que se pode fazer com mobilidade, performando uma corporeidade que não se limita a qualquer característica individual. Por quê? Porque é um laboratório do mover-se. Suas práticas se associam ao todo da escola, à necessária percepção de que com interdependências também levamos a efeito ações com variado grau de complexidade.

Mover-se, no âmbito desse exemplo, torna-se parte de uma dinâmica em que ludicamente a motricidade é experimentada com gestuais, complementações entre pessoas, memórias cênicas e partilha de sensações que refazem os corpos, suscitando novas dimensões para agir, para pegar, para mexer, para deslocar...

Se quisermos um pano de fundo conceitual, no caso específico do exemplo anterior, a intenção foi a de proporcionar familiaridade com a ideia de que a redução de mobilidade dentro de um ecossistema inclusivo é relativizada não com a interferência no corpo em si, mas na ação interdependente com todos os corpos, o que refaz, no plano da convivência, a própria noção de mobilidade, uma noção permanentemente sujeita à recriação.

É fundamental que a escola tenha no seu acervo de tarefas inúmeras atividades que contemplem resoluções associadas necessariamente à resolução conjunta, interdependente, não baseadas na dinâmica corpo *versus* corpo, mas nas possibilidades que se expressam no corpo *com* corpo.

Súmula

A reflexão contida neste capítulo oferece um contraponto à ideia que reduz a educação inclusiva à elaboração de planos individuais "para quem precisa". A reflexão crítica baseou-se no conceito de interdependência, marca fundamental do ser humano, e que é uma palavra-chave para a educação inclusiva, pois é central para o propósito de concatenar dinâmicas com grande potencial para que se perceba que, na escola, tudo e todos(as) estão em situação de permanente reciprocidade e interatividade.

7 Ecologias brincantes

Como mencionei anteriormente, as ecologias brincantes são recursos pedagógicos para planejar a apropriação infantil de espaços e tempos no ecossistema escolar. São modos de elaborar a escala microscópica em que o território escolar não é um dado fixo e é trabalhado no seu todo. São propostas formuladas originalmente na Itália por Bronfenbrenner (1979), como já foi observado.

Quero recuperar aqui a força desta imagem — ecologia brincante —, porque estamos pensando a escola como ecossistema, e é grande o esforço para que todos(as) se percebam como parte de experiências de interdependência, bem como é significativo o trabalho para expandir a troca de informações para fora da sala de aula, redesenhando continuamente os espaços de passagem e os espaços de permanência.

Mais do que um verbo, brincar é um modo de ocupar espaços dentro da escola, o que não se resume a ir ao pátio, ao parque ou à quadra. Brincar é um recurso pedagógico imprescindível, de grande potência, que permite observar como crianças produzem aquilo que William Corsaro (2009) denominou como "cultura de pares" e reproduzem criativamente o mundo do qual fazem parte.

É possível concatenar a ocupação (permanente ou provisória) de espaços para manejo de sons, texturas, grandezas, proporcionalidades, distâncias, contrastes, complementaridades, tonalidades... sem que isso implique a instrumentalização do brincar para tornar-se aula também.

A ocupação de todos os espaços é fundamental para:

- reiterar informações que se compõem e se decompõem no manejo do que está disposto em lugar previamente pensado para a experimentação "conjunta";
- formar, com isso, campos de experiência[2] para que com o espaço e no espaço ludicamente seja possível perceber transformações, modificações, evidências de causa e efeito,[3] por exemplo, sem os contornos da execução programada de uma unidade curricular, mas com o transbordamento do currículo para o interior do espaço lúdico que se formou como ecologia brincante;
- proporcionar variações nas modalidades do "falar", o que se processa com desenhos, com montagens, com recursos não dependentes da sonoridade da voz, mas que expressam, a seu modo,

---

2. A noção de campo de experiência que uso aqui é a mesma que Barbosa e Richter (2015); Fochi (2015); e Finco (2015) utilizam, na densa análise que fizeram sobre a escola da infância na Itália. Daniela Finco (2015, p. 241), por exemplo, explica que: "Cada campo de experiência apresenta os seus peculiares êxitos educativos, percursos metodológicos e possíveis indicadores de avaliação, e implica uma pluralidade de solicitações e oportunidades. A organização do cotidiano educativo baseia-se numa contínua e responsável flexibilidade e inventividade operativa e didática em relação à variabilidade individual dos ritmos, dos tempos e dos estilos de linguagem, além das motivações e dos interesses das crianças".

3. Presenciei a utilização (temporária) de um espaço para o manejo de pedacinhos de gelo com crianças da educação infantil. A presença de uma criança com paralisia cerebral não correspondia à de alguém que não consegue, porque a experiência foi pensada para que ludicamente todos observassem "mudanças de consistência"; "alterações de forma"; "passagem do sólido para o líquido"; "causa [calor] e consequência [derretimento]". Não era uma adaptação para que uma criança participasse. Era uma atividade planejada com todas as crianças e para todas as crianças, idealizada no diálogo entre professores da educação infantil e professora de Ciências do fundamental.

como a criança está efetivamente apreendendo sua realidade em múltiplas dimensões.

As ecologias brincantes são igualmente importantes para constituir um fluxo para o brincar não competitivo.

A respeito disso, menciono uma referência literária que a coordenação pedagógica de uma grande escola pública me mostrou na ocasião em que se discutia o lugar da educação inclusiva na organização do projeto político-pedagógico da escola.

Ela considerou importante (e eu concordei plenamente) que o "exemplo dos gansos" fosse inserido no texto dedicado a explicitar os propósitos e as finalidades do projeto pedagógico.

Tal como foi apresentada, a informação era inédita para mim e prontamente me encantou, por comprovar entendimento pleno sobre o que a educação inclusiva representa em termos de valorização de ações interdependentes.

No âmbito das ecologias brincantes, o que está em questão é trabalhar os modos de fazer, mais do que a obtenção de resultados. No exemplo dos gansos despontou a informação a seguir.

Gansos, segundo a professora, voam performando agrupadamente uma letra V. Quando cada ganso bate suas asas, a proximidade proporciona sustentação para o ganso ao lado. E porque voam em V, aquele todo se move com uma velocidade 71% maior do que a velocidade de voo de cada ganso isoladamente.

Belo exemplo.

As ecologias brincantes podem proporcionar interações dessa ordem, pois a própria brincadeira se configura como espaço e os espaços, nesta perspectiva, são os territórios interativos.

A preparação dos modos de fazer, nesse caso, não significa inibição da espontaneidade. Ao contrário, significa favorecer a percepção do que se consegue com o "fazer junto". O "fazer junto" não alimenta expectativas concorrenciais que sempre buscam o fazer antes que, melhor que, mais rápido que.

> ### Súmula
>
> As ecologias brincantes são recursos pedagógicos para planejar a apropriação infantil de espaços e tempos no ecossistema escolar. São modos de elaborar a escala microscópica em que o território escolar não é um dado fixo e é trabalhado no seu todo. São necessárias para pensar a escola como ecossistema e expandir a troca de informações para fora da sala de aula, redesenhando continuamente os espaços de passagem e os espaços de permanência.

CONSTATAÇÃO: CONCATENAÇÃO DESVELA A FORTUNA INCLUSIVA DA COORDENAÇÃO PEDAGÓGICA

Canteiros de reiterações, laboratórios de interdependências, ecologias brincantes são alguns exemplos de concatenação que a coordenação pedagógica pode induzir se apreender a escola como ecossistema inclusivo. Isso altera substantivamente a concepção de espaço escolar e inibe a fragmentação operacional que parece ser natural, quando é, na realidade, consequência do predomínio de uma racionalidade que pode ser tudo, menos inclusiva. Os espaços todos podem ser projetados como fluxos de experimentação.

São exemplos que sinalizam a revisão daquilo que se sabe e daquilo que se faz em termos pedagógicos.

Notem a ênfase na reelaboração de saberes e fazeres, abordando a escola toda e todas as crianças e os(as) jovens. Educação inclusiva é a transformação da escola com o adensamento de práticas que redimensionam os modos de fazer.

Por isso, a perspectiva da coordenação pedagógica para pensar e repensar os espaços e as estratégias levadas a efeito, a fim de proporcionar o diálogo entre docentes, sugere uma interferência sistêmica, cuja "produção de sentido" lembra a curadoria.

Reforçando a expectativa de que a coordenação pedagógica possa indicar a intenção pedagógica daquilo que se faz com os espaços, agindo em nome da educação inclusiva, é importante também analisar o sentido que a coordenação deve oferecer quando emergem questões alusivas àquilo que é (ou não) pedagógico.

A coordenação pedagógica deve garantir visibilidade para um repertório interpretativo fundamental, assumido como necessário para analisar o pedagógico à luz da educação inclusiva.

Repertórios da coordenação pedagógica são conceitos que demonstram que os temas alusivos à educação inclusiva são analisados e interpretados sempre em perspectiva sistêmica.

Quando essa transformação se processa, os repertórios da coordenação pedagógica e o seus modos de interpretar efetivamente se reelaboram como plataforma de saberes inclusivos.

8 Repertórios

Infelizmente, é possível constatar a disseminação de expressões, tais como "crianças de inclusão" ou "alunos da inclusão".

São maneiras de apontar, indicar, de se referir, de classificar que têm efeitos estigmatizantes e mostram, da educação infantil à universidade, não somente a naturalização de preconceitos e a produção de hierarquias sociais, mas também a incompreensão generalizada do que é inclusão.

Expressões, como "crianças de inclusão" ou "alunos de inclusão", demonstram que muitas vezes — muitas mesmo —, a escola indica que, por força da lei, está "tentando educar" alguns, "apesar de serem o que são" (ou o que "não são").

Isso é violento, isso é violência.

A coordenação pedagógica deve educar permanentemente as personagens do cotidiano escolar para que evitem (entendendo a razão) esse vocabulário destrutivo.

Argumentei inúmeras vezes (Freitas, 2022; 2023) que em nosso país a palavra inclusão tem sido usada como sinônimo de acesso ou como sinônimo de acessibilidade.

Acesso diz respeito à conquista histórica dos direitos necessários para adentrar e fazer parte do universo escolar. Acessibilidade diz respeito a recursos técnicos, tecnológicos, processuais, materiais e dinâmicas adaptativas que reconhecem a singularidade da pessoa e buscam, com tais recursos, diminuir ou eliminar barreiras.

Inclusão diz respeito a transformar a escola considerando o acesso já realizado, reconhecendo a presença que já consta no cotidiano. Inclusão é dimensão da convivialidade que permanentemente repensa o todo, os fazeres com todos(as), para que as diferenças se complementem e, sistemicamente, todas as práticas passem por dinâmicas de adensamento inclusivo, o que sempre significa produzir novos modos de fazer com todos(as). Tem sido necessário, imprescindível, repetir essa argumentação.

Esse é um ponto de referência fundamental no repertório da coordenação pedagógica. E não se trata apenas de corrigir as maneiras de falar para evitar a disseminação imprópria de estereótipos. Isso diz respeito a demonstrar que a escola não pode, em nenhuma situação, desenvolver universos paralelos.

Vou explicar.

Como já indiquei, metodologicamente, a pesquisa etnográfica predomina na maior parte dos projetos de investigação sob minha responsabilidade.

Abordo constantemente o tema educação inclusiva na escola pública, e a imersão que é característica da pesquisa etnográfica tem ajudado a perceber a força que alguns argumentos possuem, justamente porque são repetidos de forma contínua e, principalmente, porque são naturalizados.

Quem faz etnografias tem permanências alongadas e constantes no campo de observação. Dedica atenção aos detalhes que se configuram por dentro, no próprio fazer dos que protagonizam as cenas analisadas. Estas são sempre vistas de perto. E é na cotidianidade que se constata que alguns argumentos relacionados à presença de crianças e jovens com deficiência circulam intensamente como se fossem expressões naturais para descrever o que está acontecendo.

Grande erro: tais argumentos não estão descrevendo situações, estão instaurando desvantagens e precarizações.

Como?

A conquista de direitos educacionais alusivos ao Público-Alvo da Educação Especial tem proporcionado às escolas a convivência com auxiliares, cuidadores(as), estagiários(as), cujas presenças constam como direitos em circunstâncias específicas, relacionadas às dificuldades descritas em marcos regulatórios próprios.

Porém, essa presença que é bem-vinda e necessária também permite observar as seguintes distorções:

- Muitos(as) são contratados(as) com base em editais que não têm escrúpulos em denominar "estagiários de inclusão"; "auxiliares de inclusão", demonstrando o quanto a imagem da "criança de inclusão" faz parte de uma teia de precarização de amplo alcance.
- Muitas secretarias de educação indicam em seus editais que essas presenças dizem respeito ao universo da saúde — o que também acontece com editais que abrem vagas para professores(as) do AEE.
- No dia a dia, entrevistando auxiliares, cuidadores(as), estagiários(as) a respeito de suas funções, inúmeras vezes respondem que atendem determinadas crianças ENQUANTO as demais estudam.
- No cotidiano, entrevistando docentes que contam com a presença de auxiliares, cuidadores(as), estagiários(as), a respeito das funções dessa base de apoio, inúmeras vezes respondem que atendem determinadas crianças ENQUANTO as demais estudam.

Pesquisas (Freitas; Gonçalves, 2021; 2023) indicam que essa situação tem caracterizado, especialmente, a presença de crianças diagnosticadas com o Transtorno do Espectro Autista (TEA).

Essa percepção de que algo acontece enquanto as demais crianças estudam é a própria materialização do universo paralelo que impede tanto a educação inclusiva quanto o reconhecimento da escola como ecossistema. Enquanto é um lugar de não ser.

Essa situação se agrava à medida que muitos pais compartilham as mesmas expectativas.

As pesquisas antes mencionadas trouxeram à tona reclamações de pais e mães que exigiam que as escolas em que seus filhos e filhas estavam matriculados(as) fossem "verdadeiramente inclusivas". E quando indagávamos o que entendiam por "verdadeiramente inclusiva", muitos respondiam que a criança tem direito a acompanhante enquanto as demais estudam.

A gravidade dessa situação, continuamente naturalizada, permite compreender, não sem grande preocupação, o que docentes do Atendimento Educacional Especializado querem expressar quando reclamam que a escola como um todo continuamente emite sinais de que a criança com deficiência "pertence ao AEE".

O repertório próprio, característico da coordenação pedagógica, deve contar com palavras, indicações, gestos e direcionamentos voltados para a correção dessas distorções.

Súmula

A coordenação pedagógica tem papel imprescindível educando todas as pessoas que reproduzem percepções equivocadas, preconceituosas e capacitistas a respeito da educação inclusiva. Demonstra que expressões como "alunos de inclusão" são estigmatizantes e violentas. Ensina a não confundir acesso, acessibilidade e inclusão, e evita, com seus repertórios, que a educação inclusiva se confunda com atividades que são projetadas para que crianças com deficiência façam "enquanto" as demais estudam.

9 Argumentação própria

A coordenação pedagógica é permanentemente cobrada a tomar providências relacionadas às dúvidas que emergem na sala de aula, dúvidas essas muitas vezes suscitadas por dificuldades individuais de aprendizagem.

Tais cobranças, em diversas ocasiões, associam-se à expectativa docente de contar com a coordenação pedagógica, a fim de que a escola leve a efeito os encaminhamentos previstos em lei para confirmar ou não a "suspeita de deficiência".

Eis uma questão permeada por grande complexidade e que, não poucas vezes, resulta na percepção capacitista de que determinada criança está "fora do lugar".

Tem sido possível acompanhar manifestações cotidianas, as quais demonstram que tais "suspeitas" também suscitam posturas docentes que reagem à presença da criança que causa essa inquietação com a produção de uma barreira: "não tenho formação suficiente para lidar com ela", o que gera ainda maior distanciamento quando um diagnóstico de deficiência efetivamente confirma o que foi cogitado.

A "suspeita", frequentemente, é o ponto de partida (e de chegada) de uma dinâmica de desresponsabilização.

Isso faz com que as pressões diárias para que a coordenação pedagógica atue para dirimir dúvidas nesse sentido paralelamente sejam acompanhadas de reivindicações, a fim de que a voz da coordenação interceda junto ao AEE, lugar rapidamente lembrado como "maior interessado" no(a) aluno(a) em evidência, ainda que toda matrícula no AEE se efetive, quando é o caso, no contraturno. Ou seja, ainda que nenhum dispositivo retire, de fato, o(a) aluno(a) da responsabilidade educacional implícita à regência na sala regular, despontam alusões àqueles(as) que teriam "real responsabilidade" sobre a criança.

A expectativa de contar com uma ratificação pericial que possa confirmar que o comportamento observado é indício de que alguém, em meio à turma, é inalcançável pedagogicamente, representa um desafio argumentativo de grande proporção para a coordenação pedagógica. Aceitar esse desafio, ou seja, compreender que é necessário argumentar permanentemente de forma crítica em relação a esse modo de pensar, faz com que o trabalho de cada coordenador(a) pedagógico(a) seja decisivo para o adensamento de estratégias e táticas inclusivas.

Assim como destaquei a importância do papel concatenador da coordenação pedagógica, destaco quão imprescindível é a atuação do(a) coordenador(a) que se vale de repertórios críticos para cada situação. Com esses repertórios críticos, com uma argumentação própria, a coordenação pedagógica pode oferecer contraponto às perspectivas que emergem no dia a dia e que insistentemente reduzem a experiência da deficiência à condição de inabilidade a ser confirmada.

Lembro-me da perplexidade que me invadiu no segundo semestre de 2019, quando uma professora me disse que, na sua turma, algumas crianças estavam com "suspeita de inclusão".

Com essa impressionante e demolidora síntese — "suspeita de inclusão" —, o cotidiano me demonstrava quantas contradições podemos acumular, retirando das palavras e dos direitos conquistados a potência crítica que têm, ou deveriam ter.

Considero imprescindível, para o repertório da coordenação pedagógica, um repertório que caracteriza uma plataforma de saberes inclusivos, o manejo dos conceitos *medicalização e deficientização*.[1]

Medicalização

Em termos pedagógicos, medicalização é uma categoria de análise.

Diferentemente do que pode parecer, medicalização não é uma crítica ou rejeição ao uso de medicamentos. É uma categoria crítica direcionada ao uso escolar de procedimentos e diagnósticos que, com base em critérios superficiais, rapidamente assimilam repertórios que descrevem transtornos mentais e reelaboram dificuldades pessoais e sociais, reduzindo-as à condição de transtornos aplicáveis às dificuldades da vida escolar.

As chamadas dificuldades de aprendizagem têm sido intensamente associadas aos repertórios da clínica neurológica, e também reportadas e documentadas para a escola com as especificações próprias do *Manual Diagnóstico e Estatístico de Transtornos Mentais* (DSM5)[2] e da Classificação Estatística Internacional de Doenças e Problemas Relacionados com a Saúde (CID). Por exemplo, as referências ao Transtorno do Déficit de Atenção com Hiperatividade (TDAH), é referido com o código CID 11 6AO5.[3]

Não se trata de afirmar, aqui, que esses transtornos não são reais e que seus diagnósticos não têm base científica. Medicalização é a crítica ao processo de apropriação das hipóteses que sustentam tais diagnósticos para buscar na descrição do transtorno em si a estrutura da pessoa e suas (im)possibilidades educacionais.

---

1. Também abordei o manejo desses conceitos em um artigo que compartilha resultados de pesquisa sobre a situação de crianças bolivianas seguidamente apontadas como "potenciais autistas" (Freitas, 2021b).
2. O número 5 se refere à edição atualizada.
3. O número 11 se refere à edição atualizada.

Disso resulta um modo de compreender o pedagógico como algo desnecessário para abordar a pessoa diagnosticada com o transtorno. Consequência imediata disso é que o conjunto das possibilidades dessa pessoa "sintetizada" no DSM5 e no CID 11 passa a ser a *suma pedagógica* de sua vida escolar.

O Brasil foi beneficiado com densos estudos produzidos a respeito.

Collares (1995), Moysés e Collares (1992) e Moysés (2001) demonstraram como o histórico das queixas escolares tem subestimado, ou mesmo abandonado, referências às assimetrias sociais e às diversidades culturais, aspectos imprescindíveis para abordar a situação de qualquer estudante, especialmente o que é submetido aos efeitos classificatórios dessa medicalização.

Essa dinâmica de esclarecimentos a respeito das repercussões da medicalização das queixas escolares, bem como das abordagens dos chamados problemas de aprendizagem, foi brilhantemente continuada com o trabalho de Angelucci e Souza (2010), o qual identificou impressionante disseminação de diagnósticos de hiperatividade, de déficits de atenção e dislexia, o que exigiu posicionamento crítico dos Conselhos Regionais de Psicologia e até de pediatras atentos aos riscos do uso indiscriminado de diagnósticos dessa ordem para atender às demandas escolares.

Internacionalmente, o tema da medicalização também é objeto de severas críticas, o que corrobora a densidade argumentativa das analistas brasileiras. Por exemplo, Landman (2015) publicou uma muito respeitada análise sobre o que chamou de "epidemia de transtornos". Sua análise apreendeu a assustadora presença da indústria farmacêutica no bojo de análises que apontavam benefícios educacionais decorrentes do reconhecimento de transtornos controláveis com a prescrição de medicamentos.

E, na perspectiva da coordenação pedagógica, como compreender as diferenças entre medicalização e deficientização?

Deficientização

Deficientização é uma categoria necessária para identificar dois aspectos que têm efeitos estruturantes na experiência da pessoa com deficiência.

O primeiro aspecto diz respeito a compreender que a deficiência não é somente uma consequência de particularidades orgânicas, sensoriais e cognitivas. Essas particularidades, nem todas presentes na gestação e no nascimento, tornam-se uma condição, cujo sentido depende diretamente da experiência vivida e das bases deficientizadoras de cada situação.

Erving Goffman (2000; 2012; 2013) chamou atenção há décadas para um equívoco de graves consequências no modo como interpretamos a particularidade da pessoa. Alertou, por exemplo, que conhecer as causas e as consequências da cegueira não é o mesmo que analisar e conhecer de perto a experiência de ser cego.

Praticamente toda a formação que recebem professoras(es) de AEE e docentes regentes de salas regulares a respeito do tema consiste na especificação dos déficits contidos na descrição e na classificação de cada deficiência. O pressuposto é rudimentar: conhecer a disfuncionalidade para identificar o grau de ajuste demandado pela pessoa.

Deficientização é uma categoria mais abrangente e que diz respeito àquilo que (não) levamos em consideração quando descrevemos (in)capacidades.

Devemos aos *disability studies* (Davis, 2010), que emergiram na Inglaterra e nos Estados Unidos a partir da década de 1970, os argumentos iniciais que chamaram atenção para a deficiência como elemento configurador da identidade pessoal, inseparável das bases materiais e imateriais em que cada um se insere.

Creio que um exemplo muito significativo para demonstrar o uso analítico da categoria deficientização se mostra nos modos de perceber estruturas temporais. Ou seja, as divisões do tempo e a aceleração crescente das atividades têm efeitos deficientizadores sobre todas as pessoas, todas, e produzem limitações expressivas para algumas.

Deficientização é um conceito crítico para analisar, por exemplo, a produção das lentidões individuais dentro de estruturas de tempo voltadas para um produtivismo crescente, que consolidam determinadas características individuais como impróprias para o ritmo de ação desejado.

Nesse sentido, deficientização é a categoria que nos lembra de que toda característica individual é também uma característica de ordem relacional. Cada corpo se faz e se refaz na experiência, e se expressa e organiza sua manifestação de intenção em situações concretas (Csordas, 2016). E em cada situação concreta, aspectos objetivos e subjetivos incidem sobre cada pessoa e participam da configuração de sua presença como participante das partilhas de experiências. Como, então, organizamos essas partilhas?

As diferenças individuais não são impeditivas para se levar em consideração o que todos têm em comum na programação de qualquer atividade. E é a maneira de pensar a atividade, não a diferença individual, que pode gerar um modo de estar em que a particularidade de alguém se mostra (ou não) como impossibilidade para o seu agir.

Toda atividade pode ter seus efeitos deficientizadores analisados, atenuados, evitados e, principalmente, considerados quando se avalia o campo de possibilidades de cada pessoa.

Retomo aqui o mesmo argumento que utilizei para explicar que a categoria deficientização não é um recurso para negar que a deficiência, a impossibilidade, a incapacidade existem; tampouco para afirmar que se trata de uma projeção discursiva.

Em situações concretas, é igualmente concreta a possibilidade de tornar-se aquele que não consegue, que é incapaz de levar a efeito a tarefa como ela se apresenta. Portanto, deficientização é um conceito para indagar a tarefa, sem deixar de reconhecer dificuldades presentes, sem "apagar o corpo" tal como se apresenta.

Já publiquei a seguinte síntese a respeito (Freitas, 2021):

> Não se trata de uma categoria cuja utilização esteja relacionada a modos de inventar o deficiente e a deficiência como expressões unicamente discursivas. Sua base é o plano concreto em que as dificuldades vividas pelas pessoas não são negadas, mas estão sempre diante de tarefas que são naturalizadas (Mc Dermont; Varenne, 2000). Uma vez naturalizadas, instituem a alteridade daquele que não as desempenha adequadamente e, ao mesmo tempo, ensejam processos que demarcam o lugar do deficiente como o contrário da eficiência (Freitas, 2021b, p. 649).

Esse é o primeiro aspecto. Ao início deste tópico, mencionei que deficientização é uma categoria necessária para identificar dois aspectos que têm efeitos estruturantes na experiência da pessoa com deficiência. Qual seria o segundo?

O segundo aspecto a identificar pode ser facilmente confundido com o conceito de medicalização. Porém, há uma especificidade que deve ser levada em conta e que é decisiva para manter o compromisso com a educação inclusiva.

Se as dinâmicas de medicalização produzem transtornos em série, as dinâmicas de deficientização especificamente produzem, de maneira preconceituosa, associações entre características étnicas, singularidades culturais e "sintomas" de deficiências.

Esse aspecto da deficientização reforça e amplia a postura de autossilenciamento ou de silenciamento pedagógico (Freitas; Gonçalves, 2023) que muitas vezes acompanha, no bojo das expectativas docentes, a medicalização das queixas e das dificuldades escolares.

É triste e violento, mas foi possível anotar em meus cadernos de pesquisa: "[...] se esta criança for o que estou pensando, não tenho o que fazer com ela".

Etnograficamente, ou seja, naquilo que se percebe com a pesquisa como algo interno às interações, esse autossilenciamento tem se mostrado inúmeras vezes no relacionamento entre docentes e migrantes estrangeiros pobres, por exemplo, bolivianos.

Tem sido possível registrar "suspeitas de deficiência", com muitas menções ao Transtorno do Espectro Autista (TEA), nas reações docentes às dificuldades de comunicação e nas reações às singularidades presentes nas diferenças culturais que podem se configurar na interação face a face.

Generalizações, tais como "bolivianos não olham na cara", têm sido suficientes para associar origem, costumes, padrões de comportamento culturalmente diversos com o autismo, por exemplo. Aliás, a associação entre dificuldades de comunicação e o TEA expressa muito bem o que é esse autossilenciamento pedagógico.

Num processo de deficientização de costumes, com a avaliação depreciativa de corporalidades dissonantes, põe-se em dúvida a possibilidade de a criança em foco ser reconhecida como parte efetiva da turma, problema que recai constantemente sobre a pessoa com deficiência e, nesses casos, tem um ponto de intersecção com preconceitos, tais como a xenofobia e a aporofobia.

No repertório da coordenação pedagógica, é necessário constar argumentos próprios, contra-argumentos que possam defender a diversidade em relação aos reducionismos que, em casos como esses, produzem inaceitáveis representações de superioridade e inferioridade étnica, associando, com alusões deficientizadoras, determinadas origens com determinadas deficiências.

Os repertórios da coordenação pedagógica devem expressar categorias e argumentos próprios que permitem ao ecossistema escolar reconhecer no seu "modo de falar", no seu "modo de interpretar", as bases de uma plataforma de saberes inclusivos.

Quando emergem discussões sobre desempenho individual, coordenadores(as) pedagógicos(as) podem destacar os aspectos estruturais que têm efeitos deficientizadores sobre as práticas e que repercutem relações interpessoais.

E distorções interpretativas sobre o desempenho individual também incidem sobre a categoria infância, categoria essa que, num ecossistema inclusivo, exige atenção vigilante da coordenação pedagógica.

Súmula

Medicalização não é uma crítica ou rejeição ao uso de medicamentos. É uma categoria crítica direcionada ao uso escolar de procedimentos e diagnósticos que, rapidamente, assimilam repertórios que descrevem transtornos mentais e reelaboram dificuldades pessoais e sociais, reduzindo-as à condição de transtornos aplicáveis às dificuldades da vida escolar. Já deficientização é uma categoria mais abrangente, que diz respeito àquilo que (não) levamos em consideração quando descrevemos (in)capacidades. Toda atividade pode ter seus efeitos deficientizadores analisados, atenuados, evitados e, principalmente, considerados quando se avalia o campo de possibilidades de cada pessoa. Quando emergem discussões sobre desempenho individual, coordenadores(as) pedagógicos(as) podem destacar os aspectos estruturais que têm efeitos deficientizadores sobre as práticas e que repercutem relações interpessoais. O silenciamento pedagógico de docentes no que concerne à diferença que permeia a presença da pessoa com deficiência é um componente fortemente deficientizador.

10 Aproximação reflexiva e o chão da escola

Crianças e infância

A lente de observação dos projetos de pesquisa sob minha responsabilidade, bem como das pesquisas que oriento, na maior parte do tempo, aproxima o foco para analisar de perto crianças com deficiência na educação infantil e nos anos iniciais do ensino fundamental, embora mantenha interlocução permanente também com escolas que oferecem o ensino fundamental II.

Igualmente observo o cotidiano escolar de jovens do ensino médio, mas, em termos quantitativos, meu trabalho como pesquisador incide mais frequentemente sobre as duas primeiras etapas da educação básica, ou seja, a educação infantil e o ensino fundamental. Isso tem uma razão de ser.

Por motivos óbvios, o Projeto Educinep: Educação Inclusiva na Escola Pública que coordeno tem nas escolas públicas uma referência indispensável. A malha de conexões que foi tecida no meu amplo entorno profissional, considerando a inserção territorial da Universidade Federal de São Paulo, fez com que eu me aproximasse de muitas escolas públicas e, na maioria dos casos, de escolas inseridas em locais periféricos e de grande densidade populacional, as quais se conectam contínua ou esporadicamente com a Escola de Filosofia, Letras e Ciências Humanas, onde está instalado o Departamento de Educação da Unifesp, que é meu lugar de trabalho.

As pesquisas são desenvolvidas no âmbito da pós-graduação, mas o ponto de partida é o curso de Pedagogia. Esta imbricação entre graduação e pós-graduação possibilitou a mim me aproximar de escolas das zonas leste e norte da cidade de São Paulo; de escolas da rede pública da cidade de Guarulhos; e de muitas escolas localizadas em cidades que compõem a Região Metropolitana de São Paulo, especialmente no circuito conhecido como Alto Tietê. E, nestas bases territoriais que têm grandes números e amplas distâncias, predominantemente, minha imersão tem se dado em escolas que oferecem educação infantil e/ou ensino fundamental I.

Tive/tenho também experiências muito densas com docentes e alunos da Educação de Jovens e Adultos (EJA), mas, na soma, observei muito mais a presença de crianças entre zero e dez anos de idade no campo de institucionalidade educacional. Isso abrange também os(as) respectivos(as) profissionais das escolas, que têm a vida laboral marcada pelo contato permanente com esse campo etário e suas divisões consoantes às diretrizes e às bases da educação.

A interlocução que mantenho com todas as personagens dessa trama gira ao redor de temas suscitados no âmbito da educação especial, da perspectiva inclusiva, e que estão diretamente relacionados à experiência de crianças com deficiência na vida escolar.

Aqui, essa contextualização é necessária, pois o diálogo mantido especificamente com coordenadores(as) pedagógicos(as) nos últimos anos possibilitou perceber a importância estratégica de abordar questões conectadas ao tema infância de modo mais amplo, porque alguns equívocos relacionados a esse objeto também favorecem a acumulação de barreiras para a educação inclusiva.

Foi possível perceber, por exemplo, sempre na companhia de coordenadores(as) pedagógicos(as), a contrariedade que docentes dos anos iniciais do ensino fundamental algumas vezes apresentam em relação às dificuldades de aprendizagem das crianças que vivem a transição do infantil para o fundamental.

Deparei-me com cenários em que foi necessário explicar que a transição dizia respeito à governança das estruturas escolares, as quais têm singularidades que exigem diferenciações entre educação infantil e ensino fundamental. Mas a criança em si, de um ano para o outro, de uma etapa para a outra, continuava sendo criança!

É espantoso constatar a necessidade de reafirmar isso. Mas se trata de uma reafirmação que se fez imprescindível, na medida em que coordenadores(as) pedagógicos(as) compartilhavam desconforto com comentários de professoras(es) do ensino fundamental, que "lamentavam o quanto eram ainda infantis" as crianças que iniciavam o ensino fundamental.

O produtivismo que tem permeado a educação básica como um todo, de fato, infelizmente estrutura situações em que os modos de agir de quem adentra a experiência de escolarização do fundamental são radicalmente diferentes das formas de agir nas rotinas do infantil.

Constatada a diferença entre o que se espera em cada uma das etapas, não se justifica cogitar déficits de maturidade comparando crianças entre cinco e oito anos de idade, que é a faixa de transição em que tais dificuldades se apresentam.

Dificuldades dessa ordem demonstram que, no repertório da coordenação pedagógica, é fundamental manter em estado de reafirmação permanente a perspectiva da infância como tempo social, aliás, como uma das estruturas de toda sociedade (Qvortrup, 2011).

Crianças permanecem maior ou menor tempo nessa estrutura temporal conforme a especificidade histórica em que se inserem e de acordo com as particularidades de cada experiência, de cada situação.

Educação infantil e ensino fundamental são experiências historicamente identificáveis *dentro* de uma *mesma* estrutura denominada infância.

Por isso, a expectativa de que as crianças matriculadas no ensino fundamental sejam "menos infantis" é destrutiva, e produz com diversos modos de agir, reagir e tratar muitos enquadramentos deficientizadores, conforme o conceito de deficientização exposto anteriormente.

A intervenção no espaço e com o espaço, que é característica do agir da coordenação pedagógica como curadoria, pode suscitar (nas escolas onde convivem crianças do infantil e do fundamental) a demarcação de canteiros de transição, em que crianças de cinco e seis anos, ou seja, as que estão finalizando um ciclo e as que estão iniciando um novo, mantenham um campo experimental e lúdico em comum. Melhor ainda se for possível projetar tais canteiros como espaços para o fluxo convivencial permanente de crianças entre cinco e oito anos.

Iniciativas como essa podem favorecer a apropriação da ideia de escola da infância, em detrimento da noção administrativa de etapas de escolarização. Todos(as) ganham.

Essas dificuldades demonstram a existência de barreiras estruturais que incidem sobre a vida de todas as crianças e, de modo intenso, sobre a vida de crianças com deficiência.

Vamos recuperar, mesmo que brevemente, o histórico de alguns debates a respeito dessa questão.

O todo, com todas as crianças

Os estudos sociais da infância, que se multiplicaram desde a década de 1980, revelaram esforços para demonstrar o protagonismo das crianças usando, por exemplo, a categoria ator social. Essa categoria, vale lembrar, raramente é utilizada para analisar pessoas com deficiência em geral e crianças de modo específico:

> Há muito tempo, a criança faz parte da pesquisa acadêmica, mas, em geral, é na condição de objeto a ser observado, avaliado e interpretado. É nesse sentido que autores como James e Prout (1997) afirmam que

a história dos estudos sobre infância nas ciências sociais e humanas é marcada não pela ausência de interesse pelas crianças, mas por seu silêncio (Freitas; Prado, 2016, p. 94).

Escutar crianças, considerando que sempre têm o que falar e que estão, a seu modo, sempre falando "com" suas presenças, é um desafio que diz respeito diretamente aos repertórios da coordenação pedagógica. Isso exige uma postura vigilante e adquire complexidade ainda maior quando estão presentes crianças com deficiência interagindo com seus pares.

Isso não depende somente da habilidade descritiva do(a) pesquisador(a) com familiaridade com o chão da escola. Docentes e coordenadores(as) pedagógicos(as), bem como todas as personagens da escola, são co(e)laboradores de qualquer análise que emerge como observação participante. E se as personagens da escola são consideradas coautoras da narrativa que emerge, a coordenação pedagógica deve dedicar especial atenção para as manifestações que naturalizam a presença da criança com deficiência não como personagem excluída, mas como "presença ignorada" (Freitas, 2013; Goffman, 2000).

Por que não como personagem excluída?

Porque são pessoas matriculadas, cadastradas, conectadas às políticas públicas e referidas como público-alvo. Não são personagens externas à escola, mas pessoas muitas vezes marcadas por um modo de estar ignorado, ou como excluído, mas "excluído no interior", fazendo parte, "constando" (Bourdieu, 2005; Freitas, 2013).

A criança com deficiência seguidamente vive a experiência de desconexão não só no que se refere à turma, mas também nos modos como não aparece nos estudos de infância.

Crianças não são apenas parte da decoração (Christensen; Prout, 2005). Elas estão sempre produzindo cultura. Todas, inclusive crianças com deficiência.

Recupero uma síntese formulada por James e Prout a respeito dos paradigmas que têm acompanhado a consolidação dos *childhood studies* como campo próprio de pesquisa social:

[...] 1) a infância é uma construção social, e a demarcação da infância oferece uma estrutura interpretativa para a compreensão dos primeiros anos da vida humana; 2) a infância, como uma variável de análise social, não pode ser totalmente separada de outras variáveis, tais como classe, gênero e etnia; 3) relações sociais e culturais de crianças merecem ser estudadas por si mesmas, independentemente das preocupações dos adultos; 4) crianças são e devem ser vistas como atores envolvidos ativamente na construção de suas próprias vidas, na vida daqueles que as cercam e na sociedade em que vivem; 5) a etnografia é uma metodologia que pode ocupar um lugar especial no desenvolvimento de uma nova sociologia da infância, pois permite à criança voz mais direta na produção de dados sociológicos; e 6) a infância é um fenômeno em relação, para o qual a hermenêutica das ciências sociais está fortemente presente [...] (James e Prout, 1997, p. 1-7, tradução do autor).

O reconhecimento da criança como ator social foi/é aspecto configurador da pesquisa social com crianças de modo amplo e para a pesquisa etnográfica de maneira singular.

Por exemplo, William Corsaro (2000; 2005; 2009) descreveu táticas de aproximação, de aceitação e de participação ativa nas ecologias brincantes, o que lhe inspirou a elaborar a categoria "cultura de pares", *peer culture*, para descrever como reproduziam criativamente informações do entorno.

Naquele contexto, também ganhavam destaque autores(as) que se apropriaram da noção de "agência" para estudar crianças, conceito com o qual reconheciam que elas também processam a experiência social, sem que isso possa ser explicado o tempo todo como reflexo das estruturas (James, 2009).

Ampliava-se a crítica às noções de socialização que projetavam representações de um desenvolvimento universal para todas as crianças:

[...] socialização não é alguma coisa que acontece com as crianças; é um processo no qual as crianças, em interação umas com as outras, produzem a própria cultura entre pares e, ao final, participam da reprodução, da ampliação e da dinâmica com a qual se juntam ao mundo adulto [...] (Corsaro; Molinari, 2007, p. 197-198, tradução do autor).

Os autores estão defendendo a potente noção de "reprodução interpretativa", com a qual sintetizam três perspectivas de ação que caracterizam ações coletivas entre crianças:

[...] a apropriação criativa que crianças fazem das informações e dos conhecimentos do mundo adulto; a produção e a participação que têm na cultura entre pares; e a contribuição que as crianças dão para as dinâmicas de reprodução e extensão da cultura adulta (Corsaro; Molinari, 2007, p. 198, tradução do autor).

A noção de infância, que é projetada desde o chão da vida no qual a categoria ator social emerge, passa a fazer parte do campo de observação participante em que nenhuma criança pode ser reduzida à condição de reflexo das estruturas, tornando-se imprescindível levar em consideração as caleidoscópicas expressões individuais e coletivas de sua agência no enredamento de todas as crianças. Sempre o que está em questão é compreender como estão presentes, como estão (inter)agindo.

Mas como a criança com deficiência participa desse enredo? Ou categorias, como reprodução interpretava e ator social, não abrangem crianças com deficiência?

A questão formulada é a seguinte: a categoria infância tem contemplado a criança com deficiência (Davis; Watson; Burley, 2007)?

Para demonstrar isso, faço uma breve comparação com base nas seis premissas que a síntese de James e Prout (1997) apresentou, mencionadas anteriormente.

Vamos comparar:

1) a deficiência foi reconhecida como construção social, e os marcadores sociais da diferença oferecem uma estrutura interpretativa para compreender como a pessoa "se torna" alguém com deficiência (Tremain, 2017);

2) a deficiência é uma categoria transversal, inseparável das variáveis classe, gênero, raça e etnia (Freitas; Santos 2021; Mello; Neurnberg, 2012; Mello, 2016);

3) as relações sociais e culturais entre crianças com deficiência e sem deficiência devem ser interpretadas como relações entre crianças, sem separações baseadas em conformidades, normalidades, tipificações (Hall, 2005);

4) é necessário um esforço interpretativo com base em categorias próprias para compreender como crianças com deficiência se envolvem com a construção de suas próprias vidas, da vida do que as cercam e da vida social. A categoria interdependência é imprescindível no estudo crítico da deficiência (Butler, 2015; Freitas, 2022);

5) a etnografia é a metodologia que ocupa lugar especial nos estudos sociológicos e antropológicos da deficiência, pois permite registrar como em dado contexto se fez ouvir a criança com deficiência (Shakespeare, 1999; 2010);

6) a deficiência é, sobretudo, uma categoria relacional, cuja interpretação depende muito mais das bases hermenêuticas das ciências sociais do que das chamadas ciências biomédicas (Haraway; Kunzru; Tadeu, 2010).

De que modo o manejo da categoria infância tem contemplado crianças com deficiência?

Davis, Watson e Burley (2007) destacam a importância de aprender permanentemente como trabalhar a aproximação, como deixar-se afetar e reconhecer que as zonas de proximidade[1] são configuradoras do eu-no-mundo, do eu-com-o-mundo que desenham o fazer-se de cada um(a).

---

1. O uso de expressões como "deixar-se afetar" ou "zonas de proximidade" são inspirações que lembram a relevância permanente do legado ético e filosófico de Baruch Spinoza (2001) e da epistemologia social de Lev Vigotski (2000).

Não se trata de levar a efeito a aproximação como se fosse apenas ocupar espaços ao lado da criança.

A proposta diz respeito ao esforço para realizar continuamente uma "aproximação reflexiva" (Davis; Watson; Burley, 2007), uma vez que apreender como as crianças reagem à presença de pesquisadores(as), docentes, coordenadores(as) etc. exige mais do que acumular informações sobre o que estão fazendo, mas sim sobre como estão se fazendo.

A presença da criança com deficiência exige o esforço de localizar a voz para além do falado, ou seja, refletir sobre como observar o que foi dito com o gesto, com o que foi apontado, com todo o corpo, com as respostas faciais, com os modos de ocupar o espaço e dar-se aos fluxos que dão sentido às ações.

É uma aproximação reflexiva, porque se aproximar proporciona acesso àqueles momentos em que as interações entre crianças e destas com docentes possibilitam entrever efetivamente a criança como ator social (Davis; Watson; Burley, 2007).

Davis, Watson e Burley lembram que:

> [...] poucos autores que manejam paradigmas da nova sociologia da infância escrevem sobre crianças com deficiência, e poucos autores que se manifestam no âmbito dos estudos críticos da deficiência se interessam pela vida das crianças (Davis, Watson e Burley, 2007, p. 203, tradução do autor).

Isso chama atenção para outro aspecto crítico, de grande relevância. Ou seja, chama atenção para o quanto é insuficiente considerar as deficiências como "reflexos das estruturas".

Por isso, foi destacada anteriormente a importância do conceito de deficientização nos repertórios da coordenação pedagógica. Deficientização diz respeito a indagar os efeitos deficientizadores de cada situação, o que é muito diferente de compreender a deficiência como entidade universal que sempre emerge da mesma forma, porque sua "essência" estaria na estrutura social. A noção de construção social diz respeito a reconhecer a deficiência como "passível de ser construída", portanto, não natural.

Representações da deficiência como reflexo das estruturas sociais, contraditoriamente, produzem também imagens da deficiência como categoria universal, exatamente o que os estudos críticos da deficiência refutam quando recusam a primazia dos argumentos biomédicos neste campo.

Coordenadoras(es) pedagógicas(os) devem insistir na importância de observar crianças nos momentos de entrelaçamento quando, efetivamente, convivem. E a convivialidade é uma categoria de análise e observação incompatível com a produção de mundos paralelos dentro da escola.

Infância é uma categoria que abrange o todo com todas as crianças, e a constituição de mundos paralelos para pessoas com deficiência não é simplesmente um modo de tratar ou desconsiderar determinadas crianças, é uma maneira de instaurar com o paralelismo a personagem em si.

Por isso, convivialidade é uma categoria necessária para que a perspectiva da educação inclusiva produza modos de conceber a escola como ecossistema.

Um ecossistema não é simplesmente um lugar para se estar, mas um fluxo de interdependências, em que nada pode ser compreendido isolando características orgânicas individuais para explicar desempenhos igualmente individualizados.

Educação inclusiva não é a promessa de uma escola para cada um. É um modo de olhar para a teia, para a malha, para a tapeçaria, para os pontos de intersecção e para os emaranhamentos.

A coordenação pedagógica tem papel muito relevante nesse processo.

Súmula

Estas últimas discussões dificultam a elaboração de uma súmula de seus propósitos analíticos e explicativos, pois, no todo, apresentam-se questões imprescindíveis para a coordenação pedagógica e para qualquer docente. Mas, mesmo assim, é importante reforçar que coordenadoras(es) pedagógicas(os) devem insistir na importância de observar crianças nos momentos de entrelaçamento quando, efetivamente, convivem. E a convivialidade é uma categoria de análise e observação incompatível com a produção de mundos paralelos dentro da escola.

Infância é uma categoria que abrange o todo com todas as crianças, e a constituição de mundos paralelos para pessoas com deficiência não é simplesmente um modo de tratar ou desconsiderar determinadas crianças, é uma forma de instaurar com o paralelismo a personagem em si.

Considerações do remador que rema contra a maré

Defender como necessária a conexão entre os temas educação inclusiva e coordenação pedagógica, tal como destaco neste livro, é um gesto político, cuja motivação, explicitada ao início, despontou no diálogo com docentes do Atendimento Educacional Especializado (AEE).

Chamou minha atenção a força do argumento que, na ocasião lembrada, defendeu a quebra do isolamento a que tem sido submetido o mundo do AEE e das Salas de Recursos Multifuncionais.

Docentes que lidam diariamente com as demandas do chamado Público-Alvo da Educação Especial compartilharam a expectativa de que as escolas pudessem interromper um movimento constante e crescente de desresponsabilização em relação a muitas crianças e jovens, que têm sido consideradas(os) "responsabilidade do AEE".

Foram/são falas marcantes. Mas também foram/são manifestações permeadas de contradição, uma vez que a história da construção do AEE como direito que emergiu em muitas bases normativas após 1988 também foi/é a história de um processo que tornou o AEE a forma adquirida da educação especial (Bueno, 2016). Ou seja, esta é uma história feita "com" as personagens do AEE.

Nesse sentido, este lugar à parte muitas vezes resultou dos próprios modos de conceber as deficiências e a razão de ser do trabalho a ser feito com "seu" público-alvo. Resultou também de uma vinculação com repertórios clínicos que projetam nos(as) profissionais do AEE a condição de especialistas em déficits e incompletudes.

Refiro-me a uma forma de pensar, uma visão de mundo, uma percepção que se espalha com facilidade pelo cotidiano escolar, abrangendo, em certas situações, quase todas as personagens da escola quando o assunto é a razão de ser do AEE.[1]

O AEE é um direito e, como tal, deve ser respeitado. E, na atual conjuntura, quero destacar a importância daquelas manifestações que pediram ajuda e cujos argumentos ainda reverberam em minha memória.

O apoio solicitado dizia e diz respeito a reconhecer que a presença do chamado Público-Alvo da Educação Especial não deve legitimar dinâmicas de desresponsabilização da escola em relação a qualquer singularidade.

Foram/são falas surpreendentes, pois tomaram certa distância da costumeira menção às prerrogativas da especialidade (a fala de "quem tem formação") e interpelaram a escola, tentando recuperar o terreno perdido em termos de educação inclusiva.

Perceberam que o que estamos fazendo não é educação inclusiva. A palavra inclusão é repetida incessantemente no chão da escola, mas quando pedimos demonstrações às personagens do cotidiano escolar sobre o tema, são descritos aspectos do acesso e possibilidades dos recursos de acessibilidade, em diálogos que predominantemente

---

1. Compartilho um exemplo disso. Há alguns anos, dialogando com um coordenador pedagógico em cuja escola estava em andamento o processo de ampliação da jornada, ele manifestou sua preocupação com a tarefa de divulgar alguns editais voltados ao cadastramento de professores(as) eventuais. Quando expôs suas preocupações a respeito da tarefa a ser feita, comentou que dificuldades semelhantes não estavam presentes nas informações relacionadas ao AEE, "pois divulgar informações da área da saúde é mais simples, porque os termos já estão definidos conforme as especialidades".

terminam com a indicação para que a conversa "prossiga com o pessoal do AEE".

Inclusão, como tenho insistido, não é acesso, tampouco acessibilidade (Freitas, 2023). Por isso, a resposta aos anseios de docentes do AEE exige reafirmar que educação inclusiva é o ponto de partida para repensar a escola, não a condição específica de qualquer criança/jovem. É por isso que a coordenação pedagógica emergiu como força imprescindível para repensar a escola no seu todo.

Repensar a escola não significa submetê-la a roteiros produtivistas que se aferram a um projeto de sociedade que aposta todas as suas fichas na consolidação do *homo oeconomicus*.

Ou seja, repensar a escola não é o mesmo que naturalizar o uso de repertórios gerenciais que buscam cada vez mais confundir escolarização com preparo para o empreendedorismo.

A coordenação pedagógica pode expressar criticamente que a educação inclusiva não é resposta para a pretensão de superar singularidades individuais, com base em planos também individuais de escolarização. Se estes planos têm lugar em dinâmicas de atendimento centradas na especificidade de cada situação e podem, a depender de cada caso, apresentar índices mensuráveis de transformação nos níveis de resposta a determinadas tarefas, não são, todavia, expressões de inclusão ou de educação inclusiva.

As escolas públicas são continuamente induzidas a garantir atendimento individualizado e contemplar com pessoal de apoio o suporte a necessidades específicas.

Isso merece respeito. Sem dúvida, é uma matéria que está no âmbito da construção e do reconhecimento de direitos, e expressa o alcance dos ativismos familiares que têm conexão com o Público-Alvo da Educação Especial. Lembremos, por exemplo, que em 2012[2] essas

---

2. Refiro-me à Lei n. 12.764/2012, chamada também de Lei Berenice Piana, que é nome da mãe que encabeçou a luta para que o seguinte texto fosse promulgado: "[...] estabelece sete diretrizes da Política Nacional de Proteção dos Direitos da Pessoa com Transtorno do Espectro

lutas resultaram na equiparação do TEA à deficiência para acesso irrestrito aos direitos educacionais garantidos para o público-alvo em tela.

Lembremos também que as estratégias que desenvolvem ensino colaborativo buscam sínteses operacionais entre sala regular e AEE, e respondem com planos de ensino individualizado às demandas suscitadas nas mais variadas instâncias, inclusive as que normatizam a conexão entre singularidades pessoais e respostas especializadas que se materializam com serviços de *experts*.

Reforço o reconhecimento e o respeito que essas iniciativas merecem, mas enfatizo que educação inclusiva não é a garantia de acesso a planos individualizados; tampouco é a garantia de acesso a dinâmicas de programação comportamental.

A coordenação pedagógica é contraponto à ilusão de que a escola eficiente é a que oferece um plano educacional para cada um.

Educação inclusiva é a desnaturalização da escola como unidade produtiva, como agrupadora de indivíduos e, por isso, educação inclusiva é a projeção da escola como ecossistema inclusivo.

A interlocução aberta com as coordenações pedagógicas tem o sentido pedagógico, mas também político, de mobilizar coordenadoras(es) para que percebam e afirmem que inclusão não é um acervo de tecnologias assistivas, nem roteiro de adaptações.

Autista: a) a intersetorialidade no desenvolvimento das ações e das políticas e no atendimento à pessoa com transtorno do espectro autista; b) a participação da comunidade na formulação de políticas públicas voltadas para as pessoas com transtorno do espectro autista e o controle social da sua implantação, acompanhamento e avaliação; c) a atenção integral às necessidades de saúde da pessoa com transtorno do espectro autista, objetivando o diagnóstico precoce, o atendimento multiprofissional e o acesso a medicamentos e nutrientes; d) o estímulo à inserção da pessoa com transtorno do espectro autista no mercado de trabalho, observadas as peculiaridades da deficiência e as disposições da Lei n. 8.069, de 13 de julho de 1990 (Estatuto da Criança e do Adolescente); e) a responsabilidade do poder público quanto à informação pública relativa ao transtorno e suas implicações; f) o incentivo à formação e à capacitação de profissionais especializados no atendimento à pessoa com transtorno do espectro autista, bem como a pais e responsáveis; e, g) o estímulo à pesquisa científica, com prioridade para estudos epidemiológicos tendentes a dimensionar a magnitude e as características do problema relativo ao transtorno do espectro autista no País". Promulgada a lei, a pessoa com diagnóstico de autismo passou a ser definida como pessoa com deficiência em termos legais.

Tecnologias assistivas e adaptações são imprescindíveis, e têm uma verdadeira arte pedagógica implicada no reconhecimento da dificuldade que permeia os modos de estar e de fazer de algumas pessoas. São imprescindíveis mesmo.

Mas inclusão diz respeito ao plano da convivência, àquilo que todos(as) têm em comum. Por isso, a escola não é verdadeiramente inclusiva, tal como se repete de maneira insistente, quando apresenta um plano para cada um.

A coordenação pedagógica ganha destaque nessa jornada em que defender a educação inclusiva significa remar contra a maré. E ganha destaque porque pode ressalta com seus repertórios um ponto de vista que responde às inquietudes do cotidiano escolar com propostas que se movem, em termos interpretativos, do todo para as partes.

As demandas relacionadas às particularidades, às deficiências em suas singularidades, ao Transtorno do Espectro Autista, às chamadas altas habilidades e superdotação têm complexidade própria e direitos conquistados, cuja concretização também depende da reconfiguração de inúmeros processos. Mas é necessário lembrar que na forma como são descritas essas particularidades, a noção de diferença se desmancha na noção essencialista de "defeito".

Nas curadorias que a coordenação pedagógica pode engendrar e nos repertórios com os quais responde às pressões cotidianas com uma visão sistêmica, emerge uma visão sistêmica de escola.

Um ecossistema inclusivo se viabiliza com muitas concatenações, com as quais despontam as contribuições mais expressivas para cada particularidade, para cada pessoa em sua singularidade.

Sem deixar de reconhecer o que é necessário adaptar para cada um(a) e o que é preciso suplementar em casos específicos, a educação inclusiva tem por objetivo a refundação da escola.

É pelo que têm em comum que todos(as) estão no mesmo espaço, enredados nos mesmos fluxos e tecendo a mesma tapeçaria pedagógica, que é a arte da convivialidade. Arte essa que não admite, porque é expressão de um ecossistema, a naturalização de mundos paralelos para as diferenças.

Referências*

ALVES, M. A. *A voz de estudantes bolivianos em uma escola pública da cidade de São Paulo*. 2015. Dissertação (Mestrado) — Universidade Presbiteriana Mackenzie, São Paulo, 2015.

ANGELUCCI, C. B.; SOUZA, B. P. (org.). *Medicalização de crianças e adolescentes:* conflitos silenciados pela redução de questões sociais a doenças de indivíduos. São Paulo: Casa do Psicólogo, 2010.

ASSIS SILVA, C. *Cultura surda:* agentes religiosos e a construção de uma identidade. São Paulo: Terceiro Nome, 2012.

BAENINGER, R. *Imigração boliviana no Brasil*. Campinas: Nepo/Unicamp, 2012.

BAPTISTA, C. R. Batesonianas: uma aventura entre a epistemologia e a educação. *In*: BAPTISTA, C. R.; CAIADO, K. R. M.; JESUS, D. M. (org.). *Educação especial:* diálogo e pluralidade. Porto Alegre: Mediação, 2010. p. 71-86.

BARBOSA, M. C. S.; RICHTER, S. R. S. Campos de experiência: uma possibilidade para interrogar o currículo. *In*: FINCO, D. *et al.* (org.). *Campos de experiências na escola da infância:* contribuições italianas para inventar um currículo de educação infantil brasileiro. Campinas: Leitura Crítica, 2015. p. 185-198.

---

* As referências indicam obras citadas e obras que compõem um acervo para aprofundamento das questões analisadas neste livro.

BARNES, C.; BARTON, L.; OLIVER, M. (ed.). *Disability studies today.* Cambridge: Polity Press, 2002.

BARTON, L. *Superar las barreras de la discapacidad.* São Paulo: Cortez Editora, 2017.

BARTRA, R. *Antropología del cerebro.* Ciudad de México: Fondo de Cultura Económica, 2010.

BHASKAR, M. *Curadoria:* o poder da seleção no mundo do excesso. São Paulo: Edições Sesc, 2019.

BIEHL, J. Antropologia do devir: psicofármacos — abandono social — desejo. *Revista de Antropologia,* São Paulo: USP, v. 51, n. 2, 2008.

BONDIOLI, A. (org.). *O tempo no cotidiano infantil:* perspectivas de pesquisa e estudo de caso. São Paulo: Cortez Editora, 2002.

BOURDIEU, P. *Razões práticas:* sobre a teoria da ação. Campinas: Papirus, 1996.

BOURDIEU, P. *A miséria do mundo.* Petrópolis: Vozes, 2005.

BOYER, D. Thinking through the Anthropology of experts. *Anthropology in Action,* v. 15, n. 2, p. 38-46, 2008.

BRAGA, A. C. A. *Imigrantes latino-americanos na escola municipal de São Paulo*: sin pertinencias, sino equipaje. 2019. Tese (Doutorado) — Programa de Pós-Graduação em Educação, Arte e História da Cultura, Universidade Presbiteriana Mackenzie, São Paulo, 2019.

BRAH, A. Diferença, diversidade, diferenciação. *Cadernos Pagu,* Campinas, n. 26, p. 329-376, 2006.

BRONFENBRENNER, U. *Ecologia dello sviluppo umano.* Bolonha: Il Mulino, 1979.

BUENO, J. G. S. O atendimento educacional especializado (AEE) como programa nuclear das políticas de educação especial para a inclusão escolar. *Tópicos Educacionais,* Recife, v. 22, n. 1, p. 68-87, 2016.

BUTLER, J. *Problemas de gênero:* feminismo e subversão da identidade. Rio de Janeiro: Civilização Brasileira, 2015.

BUTLER, J.; CAVAREIRO, A. Condição humana contra "natureza". *Estudos Feministas,* Florianópolis, v. 15, n. 3, p. 647-662, set./dez. 2007.

CANCLINI, N. G. *Culturas híbridas:* estratégias para entrar e sair da modernidade. São Paulo: Edusp, 2013.

CARVALHO, M. P. Interseccionalidade: um exercício teórico a partir de uma pesquisa empírica. *Cadernos de Pesquisa*, São Paulo: Fundação Carlos Chagas, v. 50, n. 176, p. 360-374, 2020.

CHAUVIN, S.; JOUNIN, N. A observação direta. *In*: PAUGAN, S. (org.). *A pesquisa sociológica*. Petrópolis: Vozes, 2010. p. 124-140.

CHRISTENSEN, P.; PROUT, A. Anthropological and sociological perspectives on study of children. *In*: GREENE, S.; HOGAN, D. (ed.). *Researching children's experience*. London: Sage, 2005. p. 11-19.

CITRO, S.; BIZZERIL, J.; MENNELLI, Y. *Cuerpos y corporalidades en las culturas de las Américas*. Ciudad Autónoma de Buenos Aires: Biblos, 2015.

COLLARES, C. A. L. *O cotidiano escolar patologizado*. 1995. Tese (Livre-Docência) — Faculdade de Ciências Médicas, Universidade Estadual de Campinas, Campinas, 1995.

CORSARO, W. *Sociology of childhood*. Indiana: Indiana University Press, 2000.

CORSARO, W. Transitions in early childhood. *In*: JESSOR, R.; COLBY, A. (ed.). *Ethnography and human development*. Chicago: Chicago University Press, 2005. p. 419-458.

CORSARO, W. Peer culture. *In*: QVORTRUP, J.; CORSARO, W.; HONIG, M. S. (ed.). *The Palgrave handbook of childhood studies*. London: Palgrave Macmillan, 2009. p. 301-315.

CORSARO, W.; MOLINARI, L. Entering and observing in children's worlds: a reflection on a longitudinal ethnography of early educational in Italy. *In*: CHRISTENSEN, P.; JAMES, A. (ed.). *Research with children:* perspectives and practices. Abingdon: Routledge Falmer, 2007. p. 179-200.

CRUZ, S. H. V. (org.). *A criança fala:* a escuta de crianças em pesquisas. São Paulo: Cortez Editora, 2008.

CSORDAS, T. *Corpo, significado, cura*. Porto Alegre: Editora da UFRGS, 2008.

CSORDAS, T. Embodiment: agencia, diferencia sexual e padecimiento. *In*: CITRO, S.; BIZZERIL, J.; MENNELLI, Y. *Cuerpos y corporalidades en las culturas de las Américas*. Ciudad Autónoma de Buenos Aires: Biblos, 2015.

CSORDAS, T. *Embodiment and experience*: the existential ground of culture and self. Cambrigde: Cambridge University Press, 2016.

DAVIS, L. (ed.). *The disability studies reader*. Abingdon: Routledge Falmer, 2010.

DAVIS, J.; WATSON, N.; BURLEY, S. C. Learning the lives of disabled children: developing a reflexive approach. *In*: CHRISTENSEN, P.; JAMES, A. (ed.). *Research with children:* perspectives and practices. Abingdon: Routledge Falmer, 2007. p. 201-224.

DELGADO ALVES, Y. D.; PEREIRA, P. P. Uma antropologia do fluxo. *INTERthesis*, Florianópolis, v. 16, p. 121-142, 2019.

DINIZ, D. *O que é deficiência*. São Paulo: Brasiliense, 2010.

ESCOBAR, A. *Designs for the pluriverse:* radical interdependence, autonomy and the making of worlds. Chapel Hill: Duke University Press, 2018.

FERNANDES, N.; MARCHI, R. C. A participação das crianças nas pesquisas: nuances a partir da etnografia e na investigação participativa. *Revista Brasileira de Educação*, Rio de Janeiro: ANPEd, 2020, v. 25, e250024, 2020.

FERNANDEZ, C. C.; MATOS, M. I. Presença de bolivianos em São Paulo. *In*: BAPTISTA, D. M. T.; MAGALHÃES, L. F. A. (org.). *Migrações em expansão no mundo em crise*. São Paulo: Educ, 2020. p. 123-148.

FINCO, D. Campos de experiência educativa e programação pedagógica na escola da infância. *In*: FINCO, D. *et al.* (org.). *Campos de experiências na escola da infância:* contribuições italianas para inventar um currículo de educação infantil brasileiro. Campinas: Leitura Crítica, 2015. p. 233-246.

FOCHI, P. S. Ludicidade, continuidade e significatividade nos campos de experiência. *In*: FINCO, D. *et al.* (org.). *Campos de experiências na escola da infância:* contribuições italianas para inventar um currículo de educação infantil brasileiro. Campinas: Leitura Crítica, 2015. p. 221-232.

FONSECA, C.; MEDAETS, C.; RIBEIRO, F. B. (org.). *Pesquisas sobre família e infância no mundo contemporâneo*. Porto Alegre: Sulina, 2018.

FREITAS, M. C. *História, antropologia e a pesquisa educacional:* itinerários intelectuais. São Paulo: Cortez Editora, 2002.

FREITAS, M. C. *Alunos rústicos, arcaicos e primitivos:* o pensamento social no campo da educação. São Paulo: Cortez Editora, 2005.

FREITAS, M. C. *O aluno-problema:* forma social, ética e inclusão. São Paulo: Cortez Editora, 2009.

FREITAS, M. C. *O aluno incluído na educação básica:* avaliação e permanência. São Paulo: Cortez Editora, 2013.

FREITAS, M. C. Desempenho e adaptação da criança pobre à escola: o padrão de pesquisa do CRPE-SP. *Educação e Pesquisa*, São Paulo: USP, v.40, p. 683-698, 2014.

FREITAS, M. C. (org.). *História social da infância do Brasil*. São Paulo: Cortez Editora, 2016.

FREITAS, M. C. Mercadores de eficiências e resultados: alta *performance* contra a escola pública e seu esforço para inclusão de crianças com deficiências. *Revista Brasileira de Educação*, Rio de Janeiro: ANPEd, v. 23, p. e230074, 2018.

FREITAS, M. C. O cansaço como nova categoria de análise para os estudos críticos da deficiência. *Revista de Estudos Culturais*, São Paulo: USP, v. 4, p. 23-36, 2019.

FREITAS, M. C. Palavras-chave da educação especial e da educação inclusiva: ressignificações. *Revista do Centro de Pesquisa e Formação*, São Paulo, v. 11, p. 245-263, 2020.

FREITAS, M. C. Diversidades culturais, deficiências e inclusão: a potência curricular da educação infantil. *Debates em Educação*, Maceió, v. 13, n. 33, p. 333-354, 2021a.

FREITAS, M. C. Crianças bolivianas na educação pública: medicalização, enquadramentos deficientizadores e estigmatizações com base no Transtorno do Espectro Autista. *Inter-Ação*, Goiânia: UFG, v. 46, p. 645-661, 2021b.

FREITAS, M. C. *Deficiências e diversidades:* educação inclusiva e o chão da escola. São Paulo: Cortez Editora, 2022.

FREITAS, M. C. Educação inclusiva: diferenças entre acesso, acessibilidade e inclusão. *Cadernos de Pesquisa*, São Paulo: Fundação Carlos Chagas, v. 53, artigo e10084, 2023. Disponível em: https://doi.org /10.1590/1980531410 084.

FREITAS, M. C.; GARCIA, E. C. De diagnósticos e prognósticos: laudos na configuração de muitas experiências de escolarização. *Cadernos de Pesquisa*, São Paulo: Fundação Carlos Chagas, v. 49, p. 316-340, 2019.

FREITAS, M. C.; GONÇALVES, R. B. Crianças diagnosticadas com TEA na escola pública: novos desafios, velhas dicotomias. *Horizontes*, Campinas, v. 39, e021018-26, 2021.

FREITAS, M. C.; GONÇALVES, R. B. A presença de crianças diagnosticadas com TEA em escolas públicas: contradições na oferta de serviços terapêuticos. *Atos de Pesquisa em Educação*, Blumenau: Furb, v. 18, p. e11133, 2023.

FREITAS, M. C.; JACOB, R. N. F. Inclusão educacional de crianças com deficiências: notas do chão da escola. *Educação e Pesquisa*, São Paulo: USP, v. 45, p. e186303, 2019.

FREITAS, M. C.; PRADO, R. L. C. *O professor e as vulnerabilidades infantis*. São Paulo: Cortez Editora, 2016.

FREITAS, M. C.; SANTOS, L. X. Interseccionalidades e educação especial na perspectiva da educação inclusiva. *Cadernos de Pesquisa*, São Paulo: Fundação Carlos Chagas, v. 51, p. e07896, 2021.

FREITAS, M. C.; SILVA, A. P. Crianças bolivianas na educação infantil de São Paulo: adaptação, vulnerabilidades e tensões. *Cadernos de Pesquisa*, São Paulo: Fundação Carlos Chagas, v. 45, p. 680-702, 2015.

FUENTES, A. Introduction. On nature and the human. *American Anthropologist*, New York, v. 112, issue 4, p. 512-521, 2010.

GABRIEL, M. *Yo no soy mi cerebro:* filosofía de la mente para el siglo XXI. Barcelona: Pasado y Presente, 2019.

GABRIEL, M. *O sentido do pensar:* a filosofia desafia a inteligência artificial. Petrópolis: Vozes, 2021.

GARCIA, M. S. S.; CZESZAK, W. *Curadoria educacional:* práticas pedagógicas para tratar o excesso de informação e *fake news* em sala de aula. São Paulo: Editora Senac, 2019.

GEERTZ, C. *A interpretação das culturas*. São Paulo: LTC, 1989.

GINSBURG, F.; RAPP, R. On nature and the human. *American Anthropologist*, New York, v. 112, issue 4, p. 517-518, 2010.

GINSBURG, F.; RAPP, R. Disability worlds. *Annual Review of Anthopology*, New York, v. 42, n. 1, p. 53-68, 2013.

GOFFMAN, E. *Estigma:* notas sobre a manipulação da identidade deteriorada. São Paulo: LTC, 2000.

GOFFMAN, E. *A representação do eu na vida cotidiana*. Petrópolis: Vozes, 2011.

GOFFMAN, E. *Rituais de interação:* ensaios sobre o comportamento face a face. Petrópolis: Vozes, 2012.

GOFFMAN, E. *Comportamento em lugares públicos*. Petrópolis: Vozes, 2013.

GOFFMAN, E. *Os quadros da experiência social*: uma perspectiva de análise. Petrópolis: Vozes, 2016.

GOULD, S. J. *A falsa medida do homem*. São Paulo: Martins Fontes, 2012.

GRAVANO, A. *Antropología del urbano*: raíces y proyecciones de la ciudad como objeto de estudio. Montevideo: Editorial Café de las Ciudades, 2015.

GRINKER, R. R. *Unstrange minds:* remapping the world of autism. Washington: Basic Books, 2009.

GRINKER, R. R. *Nobody's normal:* how culture created the stigma of mental illness. Washington: WW Norton, 2021.

GUSMÃO, N. (org.). *Diversidade, cultura e educação*: olhares cruzados. São Paulo: Biruta, 2003.

HALL, K. New conversations in feminist disability studies: feminism, philosophy, and borders. *Hypatia*, Cambridge, v. 30, n. 1, p. 1-12, 2005.

HALL, S. (org.). *Representation:* cultural representations and signifying practices. London, Sage; The Open University, 1997a.

HALL, S. Cultural identity and diáspora. *In*: RUTHERFORD, J. (org.). *Identity:* community, culture, difference. London, Lawrence and Wishart, 1997b. p. 103-130.

HALL, S. *Cultura e representação*. Rio de Janeiro: Editora PUC-Rio, 2000.

HALL, S. *Da diáspora:* identidades e mediações culturais. Belo Horizonte: Editora UFMG, 2001.

HALL, S. *A identidade cultural na pós-modernidade.* Rio de Janeiro: Lamparina, 2005.

HARAWAY, D. Gênero para um dicionário marxista: a política sexual de uma palavra. *Cadernos Pagu,* Campinas, n. 22, p. 201-246, 2004.

HARAWAY, D. *Ficar com o problema:* fazer parentes no Chthuluceno. São Paulo: N-1 Edições, 2023.

HARAWAY, D.; KUNZRU, H.; TADEU, T. (org.). *Antropologia do ciborgue:* as vertigens do pós-humano. Belo Horizonte: Autêntica; Mimo, 2010.

HOFFMANN, J. *Curadoria de A a Z.* São Paulo: Cobogó, 2017.

HUGUES, B.; PATERSON, K. El modelo social de discapacidad y la desaparición del cuerpo. *In*: BARTON, L. (comp.). *Superar las barreras de la discapacidad.* Barcelona: Morata, 2017. p. 107-121.

INGOLD, T. Humanity and animality. *In*: INGOLD, T. *Companion Encyclopedia of Anthropology.* London: Routledge, 1994, p. 14-32.

JAMES, A. Agency. *In*: QVORTRUP, J.; CORSARO, W.; HONIG, M. S. (ed.). *The Palgrave handbook of childhood studies.* London: Palgrave Macmillan, 2009. p. 34-45.

JAMES, A.; PROUT, A. *Constructing and reconstructing childhood:* contemporary issues in the Sociological study of childhood. Abingdon: Routledge, 1997.

KIAN, A. Erving Goffman: da produção social do gênero à objetivação social das diferenças biológicas. *In*: CHABAUD-RYCHTER, D. *et al.* (org.). *O gênero nas ciências sociais:* releituras críticas de Max Weber a Bruno Latour. Brasília: Editora UnB; São Paulo: Fundação Editora Unesp, 2015. p. 313-326.

KITTAY, E. F. The ethics of care, dependence and disability. *Ratio Juris,* New York, v. 24, n. 1, p. 49-58, 2011.

LAHIRE, B. *Sucesso escolar nos meios populares:* razões do improvável. São Paulo: Ática, 2005.

LANDMAN, P. *Todos hiperativos?* A inacreditável epidemia dos transtornos da atenção. Rio de Janeiro: Contra Capa, 2015.

MAGNANI, J. G. C. et al. (org.). *Etnografias urbanas:* quando o campo é a cidade. Petrópolis: Vozes, 2023.

MANN, G.; TOLFREE, D. *Children's participation in research*: reflections from the care and protection of separated children in emergencies project. Stockholm: Save the Children, 2003.

MARTÍNEZ, A. M.; REY, F. G. *Psicologia, educação e aprendizagem escolar*: avançando na contribuição da leitura cultural-histórica. São Paulo: Cortez Editora, 2017.

MAUSS, M. *Sociologia e antropologia*. São Paulo: Cosac Naify, 2003.

MAYALL, B. *Towards a sociology for childhood*. Buckingham: Open University Press, 2012.

MCDERMOTT, R. P.; VARENNE, H. Culture, development, disability. *In*: JESSOR, R et al. (ed.). *Ethnography and human development:* contexto and meaning in social inquiry. Chicago: Chicago University Press, 1996. p. 101-126.

MCKINNON, S. *Genética neoliberal*: uma crítica antropológica da psicologia evolucionista. São Paulo: Ubu, 2021.

MCKINNON, S.; SILVERMAN, S (ed.). *Complexities*: beyond nature & nurture. Chicago: Chicago University Press, 2020.

MEAD, G. H. *The philosophy of the present*. Chicago: Chicago University Press, 1932.

MEAD, G. H. *Mind, self and society:* the definitive edition. Chicago: Chicago University Press, 2000.

MELLO, A. G. Deficiência, incapacidade e vulnerabilidade: do capacitismo ou a preeminência capacitista e biomédica do Comitê de Ética em Pesquisa da UFSC. *Ciência & Saúde Coletiva*, Rio de Janeiro, v. 21, n. 10, p. 3265-3276, out. 2016.

MELLO, A. G.; NEURNBERG, A. H. Gênero e deficiência: interseções e perspectivas. *Revista de Estudos Feministas*, Florianópolis, v. 20, n. 3, p. 635-655, 2012.

MERLEAU-PONTY, M. *Fenomenologia da percepção*. São Paulo: Martins Fontes, 1999.

MONDADA, L. Multiple temporalities of language and body interaction: challenges for transcribing multimodality. *Research on Language and Social Interaction*, [S. l.], v. 51, issue 1, p. 85-106, 2018.

MOYSÉS, M. A. A. *A institucionalização invisível*: crianças que não-aprendem-na--escola. Campinas: Mercado de Letras, 2001.

MOYSÉS, M. A. A.; COLLARES, C. A. L. A história não contada dos distúrbios de aprendizagem. *Cadernos Cedes*, Campinas, v. 28, n. 28, p. 31-48, 1992.

MOZZI, A.; NUERNBERG, A. H. Concepção sobre deficiência em processo de adoção de crianças com deficiência. *In*: SEMINÁRIO INTERNACIONAL FAZENDO GÊNERO, 11.; WOMEN'S WORLDS CONGRESS, 13., 2017, Florianópolis. *Anais eletrônicos* [...]. Florianópolis, 2017. p. 11-23.

MUÑOZ, L. G. La nueva sociología de la infancia. Aportaciones de una mirada distinta. *Política y Sociedad*, v. 43, n. 1, p. 9-26, 2006.

NUSSBAUM, M. C. *Fronteiras da justiça:* deficiência, nacionalidade, pertencimento à espécie. São Paulo: Martins Fontes, 2013.

ORTEGA, F. Fenomenologia da visceralidade. Notas sobre o impacto das tecnologias de visualização médica na corporeidade. *Cadernos de Saúde Pública*, Rio de Janeiro, v. 21, n. 6, p. 1875-1883, nov./dez. 2005.

ORTEGA, F. Corporeidade e biotecnologias: uma crítica fenomenológica da construção do corpo pelo construtivismo e pela tecnobiomedicina. *Ciência & Saúde Coletiva*, Rio de Janeiro, v. 12, n. 2, p. 381-388, 2007a.

ORTEGA, F. Mapeamento do sujeito cerebral na cultura contemporânea. *Revista Eletrônica de Comunicação, Informação e Inovação em Saúde (Reciis)*, Rio de Janeiro, v. 1, n. 2, p. 257-261, jul./dez. 2007b.

PRADO, R. L. C. *A participação de crianças na pesquisa acadêmica brasileira das ciências sociais e humanas*. 2014. Tese (Doutorado em Psicologia Escolar e do Desenvolvimento Humano) — Universidade de São Paulo, São Paulo, 2014.

PRADO, R. L. C.; FREITAS, M. C. Mulheres na escuta de crianças: considerações acerca do perfil com crianças nas ciências humanas e sociais brasileiras. *EccoS*: Revista Científica, São Paulo, v. 1, p.e8427, 2019.

PUGLISI, R. Algunas consideraciones metodológicas y epistemológicas sobre el rol de la corporalidad en la producción del saber etnográfico y el estatuto atribuido a los sentidos corporales. *Antípoda*: Revista de Antropología y Arqueología, Bogotá, n. 19, p. 95-119, 2014.

QVORTRUP. J. Nove teses sobre a infância como um fenômeno social. *Pro-Posições*, Campinas, v. 22, n. 1 (64), p. 199-211, 2011.

RAPP, R. A child surrounds this brain: the future of neurological difference according to scientists, parents and diagnosed young adults. *Advances in Medical Sociology*, New York, v. 13, p. 3-26, 2011.

RICOEUR, P. L'identité narrative. *Esprit t*, [S. l.], n. 7-8, p. 295-304, 1988.

RIZZINI, I.; PILOTTI, F. (org.). *A arte de governar crianças*: a história das políticas sociais, da legislação e da assistência à infância no Brasil. São Paulo: Cortez Editora, 2005.

ROCKWELL, E. *La experiencia etnográfica*. Buenos Aires: Paidós, 2014.

ROCKWELL, E. *Vivir entre escuelas:* relatos y presencias — antología esencial. Buenos Aires: Clacso, 2018.

ROCKWELL, E.; EZPELETA, J. A escola: relato de um processo inacabado de construção. *Currículo sem Fronteiras*, [S. l.], v. 7, n. 2, p. 131-147, 2007.

SANTILLÁN, L. *Quiénes educan a los chicos:* infancia, trayectorias educativas y desigualdades. Buenos Aires: Biblos, 2017.

SECCHI, B.; VIGANO, P. *La ville poreuse:* un projet pour le Grand Paris et la métropole de l'après-Kyoto. Paris: Métis Presses, 2012.

SENNETT, R. *Juntos:* os rituais, os prazeres e a política da cooperação. Rio de Janeiro: Record, 2013.

SHAKESPEARE, T. The sexual politics of disabled masculinity. *Sexuality and Disability*, [S. l.], v. 17, n. 1, p. 53-64, 1999.

SHAKESPEARE, T. The social model of disability. *In*: DAVIS, L. (ed.). *The disability studies reader*. Abingdon: Routledge Falmer, 2010. p. 197-204.

SIBERS, T. Disability in theory: from social constructionism to the new realism of body. *In*: DAVIS, L. (ed.). *The disability studies reader*. Abingdon: Routledge Falmer, 2010. p. 173-184.

SOARES, N. F.; SARMENTO, M. J.; TOMÁS, C. Investigação da infância e crianças como investigadoras: metodologias participativas dos mundos sociais das crianças. *Nuances:* Estudos sobre Educação, Presidente Prudente, v. 12, n. 13, 2005.

SPINOZA, B. *Ética*. Petrópolis: Vozes, 2001.

STRATHERN, M. *O efeito etnográfico*. São Paulo: Ubu, 2020.

STROSS, B. The hybrid metaphor: from biology to culture. *The Journal of American Folklore*, [S. l.], v. 112, n. 445, p. 254-267, 1999.

TOREN, C. Imagining the world that warrants our imagination. The revelation of ontogeny. *Cambridge Anthropology*, Cambridge, v. 30, n. 1, p. 64-79, 2012.

TREMAIN, S. L. *Foucault and the feminist philosophy of disability*. Michigan: University of Michigan Press, 2017.

VALENTE, A. L. E. F. Conhecimentos antropológicos nos parâmetros curriculares nacionais. *In*: GUSMÃO, N. (org.). *Diversidade, cultura e educação*: olhares cruzados. São Paulo: Biruta, 2003. p. 17-46.

VERISSIMO, D. S. No limiar do mundo visível: a noção de esquema corporal nos cursos de Merleau-Ponty na Sorbonne. *Psicologia USP*, São Paulo, v. 23, n. 2, p. 367-393, 2012.

VIDAL, F.; ORTEGA, F. *Somos nosso cérebro? Neurociências, subjetividade e cultura*. São Paulo: N-1 Edições, 2019.

VIGANÒ, P. *The territories of urbanism*: the project as knowledge producer. London: EPFL Press; Routledge, 2015.

VIGOTSKI, L. *A construção social da mente*. São Paulo: Martins Fontes, 2000.

WEBER, F. *Trabalho fora do trabalho:* etnografia das percepções. Rio de Janeiro: Garamond, 2009.

WHITE, W. F. *Sociedade de esquina*. Rio de Janeiro: Jorge Zahar Editor, 2005.

WILLIAMS, R. *Keywords:* a vocabulary of culture and society. New York: Columbia University Press, 2010.

WINNICOTT, D. *Bebês e suas mães*. São Paulo: Ubu, 2020.

WOLFF, F. *Nossa humanidade:* de Aristóteles às neurociências. São Paulo: Fundação Editora Unesp, 2014.

WOODS, P. *La escuela por dentro:* la etnografía en la investigación educativa. Barcelona: Paidós, 1987.

WOODWARD, K. Identidade e diferença: uma introdução teórica e conceitual. *In*: SILVA, T. T. (org.). *Identidade e diferença:* a perspectiva dos estudos culturais. Petrópolis: Vozes, 2013. p. 7-72.

ZAVALLONI, G. *Pedagogia della lumaca*. Buri: Editora EMI, 2012.

ZAVALLONI, G. *Pedagogia do caracol.* Americana: Adonis, 2014.

OUTROS TÍTULOS DO AUTOR PUBLICADOS PELA CORTEZ EDITORA:

História social da infância no Brasil (organizador, 1997);

Álvaro Vieira Pinto: a personagem histórica e sua trama (1998);

Da micro-história à história das ideias (1999);

História, antropologia e a pesquisa educacional: itinerários intelectuais (2001);

Os intelectuais na história da infância (em coautoria com Moysés Kuhlmann Jr., 2002);

Alunos rústicos, arcaicos & primitivos: o pensamento social no campo da educação (2005);

Desigualdade social e diversidade cultural na infância e na juventude (organizador, 2006);

História social da educação no Brasil (1926-1996) (em coautoria com Maurilane de Souza Biccas, 2009);

O aluno-problema: forma social, ética e inclusão (2013);

O aluno incluído na educação básica: avaliação e permanência (2016);

A quase história de "Os três porquinhos" (2016);

O professor e as vulnerabilidades infantis (em coautoria com Renata Lopes Costa Prado, 2016);

As asas do burro de Einstein: memórias de um sobrevivente do bullying (2017);

Memórias de um menino que se tornou estrangeiro (2018);

Deficiências e diversidades: educação inclusiva e o chão da escola (2022).